EL DESPERTAR DE LA HUMANIDAD

BENJAMIN CREME

*La foto reproducida en la portada, **Deva Flamígero**, fue pintado por Benjamin Creme entre 1976 y 1977. Las evoluciones Dévicas o Angelicales son paralelas a la humana y de una variedad y colores infinitos, desde subhumano a superhumano. Muchos trabajan en una relación directa de curación o protección con la humanidad.*

Este libro está dedicado a
mi venerado Maestro cuya
inspiración lo ha hecho posible

Prólogo

El Despertar de la Humanidad está pensado como un tomo complementario de *El Instructor del Mundo para toda la Humanidad*, publicado en 2007. Ese libro se centraba en la naturaleza de Maitreya, el Instructor del Mundo: Su extraordinaria capacidad para expresar las cualidades de sabiduría y amor como un gran Avatar espiritual, así como también como un amigo y hermano de todos nosotros.

El Despertar de la Humanidad se centra en el día en el que Maitreya se dé a conocer abiertamente como el Instructor del Mundo para la era de Acuario. En Su artículo 'Servir otra vez', reproducido en este libro, mi Maestro describe de forma conmovedora la reacción esperada de la humanidad en ese día. Le siguen mi comentario sobre el artículo del Maestro. Aunque el artículo del Maestro y mi comentario fueron publicados anteriormente en *La Misión de Maitreya, Tomo III*, Capítulo 3, los reproducimos aquí para atraer la atención del lector una vez más a este acontecimiento sin precedentes en la historia humana. Las preguntas y respuestas que siguen están relacionadas con el proceso del emerger de Maitreya y el Día de la Declaración, como también con los temas suscitados en el artículo del Maestro. La mayoría de las preguntas fueron extraídas de ejemplares anteriores de la revista *Share International* y, con unas pocas excepciones, no han sido publicadas en libros anteriores.

Se anima a los lectores a leer 'Las Prioridades de Maitreya', Capítulo 1 de *La Misión de Maitreya, Tomo III*, para una presentación más detallada de las prioridades que defiende Maitreya, así como también de la extraordinaria naturaleza de Su trabajo.

Mi relato del Día de la Declaración está extraído de mi charla de Tokio en 2007 y se reproduce a continuación. Para una comprensión más profunda del trasfondo de esta historia, hay que remitirse a la perspectiva general en *El Instructor del Mundo para toda la Humanidad*.

Día de la Declaración

Cuando las bolsas de valores del mundo caigan –tan pronto como sea obvio que estén en su caída final– Maitreya emergerá. Él aceptará una invitación para aparecer en una importante cadena de televisión en Estados Unidos. La invitación ya ha sido realizada, pero Maitreya determinará el momento de la entrevista. Después de la entrevista inicial, todas las cadenas querrán entrevistarle. Sin embargo, Él no será presentado como Maitreya o el Cristo, sino simplemente como un hombre de extraordinaria sabiduría y amor.

Maitreya no viene como un instructor religioso, sino como un instructor espiritual. Tenemos que ampliar nuestra idea de lo que es 'espiritual'. Tenemos que espiritualizar cada aspecto de nuestras vidas.

El problema es la comercialización de todos los aspectos de la vida. Lo decimos en dos palabras, fuerzas del mercado. Las fuerzas del mercado son la excusa para todo lo que hacemos. Maitreya dice que la comercialización es más peligrosa para el mundo que una bomba atómica.

Cuando compartimos los productos del mundo más equitativamente, de golpe hacemos de la guerra y el terrorismo una cosa del pasado. Creamos las condiciones para la confianza. Cuando confiamos, podemos sentarnos y encontrar soluciones a cada problema.

Así hablará Maitreya. Buscad a un hombre así hablando en esos términos, mucho más elocuente y sencillamente que lo he hecho yo. Si creéis que Él está hablando sinceramente, haced de vuestro trabajo ser el primero en cambiar, el primero en sacrificarse.

Cuando suficientes personas sigan, no a Maitreya, sino a los pensamientos, las ideas, el consejo de Maitreya, Él será invitado a hablar al mundo entero en lo que se denominará el Día de la Declaración. En ese día Maitreya aparecerá en los televisores de todos al mismo tiempo en todo el mundo. Él se dirigirá al mundo, pero no hablará en realidad.

Maitreya es omnisciente y omnipresente, y creará durante ese momento un vínculo telepático con cada adulto en el mundo. Todos oirán los pensamientos de Maitreya, Sus ideas, Sus esperanzas, Sus planes para el futuro, telepáticamente, internamente en su propio idioma. Los japoneses lo oirán en japonés, los franceses en francés, los alemanes en alemán, los chinos en chino, y así sucesivamente. Él hablará a la humanidad sobre sí misma, sobre cuán antiguos somos, cuánto tiempo hemos evolucionado hasta este punto relativo (no tan elevado como pensamos). Él nos mostrará lo que yace delante, la ciencia del futuro.

Maitreya mostrará el nivel elevado desde el que hemos caído, en la mediocridad del materialismo actual. Y Él mostrará el camino adelante, a través de la aceptación del principio de compartir, declarando nuestro sentido de una fraternidad de la humanidad, permitiéndonos avanzar una vez más en el sendero espiritual, el sendero que conduce no a la competencia sino a la unidad.

Eso es de lo que trata la Nueva Era, la Era de Síntesis. Síntesis significa reunir y crear unidad, una unidad que surge de partes diferentes. Descubriréis que es el objetivo del proceso evolutivo: unidad en la diversidad, la mayor diversidad en la unidad plena.

Mientras Él habla, la energía de Maitreya fluirá en tremenda potencia a través de los corazones de la humanidad. Esto evocará una respuesta intuitiva y sincera al mensaje. En el plano físico habrá cientos de miles de curaciones milagrosas espontáneas en todo el mundo. De estas tres formas sabréis que Él, y por supuesto, sólo Él, es Maitreya Buddha, el Cristo, el Imán Mahdi, Kalki Avatar, Krishna, el Mesías, con cualquiera de los nombres que es buscado y esperado. Ese día definirá todo el futuro de la humanidad.

Benjamin Creme

Londres, Marzo 2008

"Pronto el mundo sabrá del Esplendor en él. Pronto los hombres llorarán de alegría con Su aparición. Pronto, también, ellos tomarán sobre sí mismos la labor de socorro, restableciendo la verdadera unidad de los hombres. Así será."

(Del artículo, 'El Gran Señor emerge' por el Maestro —)

Servir otra vez

*Por el Maestro —, a través de Benjamin Creme**

Puesto que el tiempo es realmente corto hasta que la humanidad vea al Cristo, sería sabio considerar, de alguna manera, las posibles repercusiones de ese suceso trascendental. Primero, los hombres despertarán a una nueva situación, una completamente desconocida y singular: nada similar habrá sido la experiencia de alguien con vida; nadie, en ninguna parte, habrá escuchado antes los pensamientos emitidos en aquel día de los días. Nunca antes, los hombres habrán escuchado el llamado a su divinidad, el desafío a su presencia aquí en la Tierra. Cada uno, individual y solemnemente solo, conocerá en ese momento el propósito y significado de su vida, experimentará nuevamente la gracia de la niñez, la pureza de la aspiración limpia del yo. En estos preciosos minutos, los hombres conocerán nuevamente la alegría de la plena participación en las realidades de la Vida, se sentirán unidos unos a otros, como la memoria de un pasado distante.

De repente, los hombres comprenderán que su vida hasta ahora era una cosa superficial, falta, para la mayoría, de todo lo que hace querida a la vida: fraternidad y justicia, creatividad y amor. Muchos sabrán por primera vez que ellos cuentan, que ellos importan en el esquema de las cosas. Un sentimiento desconocido de autoestima reemplazará su presente desesperanza: las drogas de todo tipo dejarán de dominar a los hombres. Silenciosamente, las lágrimas de los hombres fluirán en humilde gratitud y anhelo por el bien.

Desde ese momento en adelante, un nuevo espíritu de santidad prevalecerá sobre la Tierra; los hombres caminarán de puntillas durante un tiempo. Pronto, sin embargo, los hombres comprenderán que los cambios necesarios en el mundo son vastos, múltiples, requiriendo paciencia y dedicación, imaginación y confianza. Poco tiempo después, los hombres en todas partes se dedicarán al trabajo de reconstrucción, de rehabilitación del mundo. La ayuda a los pobres y hambrientos ocupará el primer lugar, y de esta forma acabará para siempre una blasfemia entre los hombres: millones conocerán por primera vez la silenciosa felicidad de la necesidad satisfecha – nunca más las imágenes agonizantes de los hambrientos deshonrarán las pantallas de los prósperos; los hombres ya no verán morir a sus hermanos ante sus ojos. Así terminará un oscuro capítulo en la historia de la raza.

Cambios, desiguales en alcance, ocuparán las mentes y corazones de los hombres; nada sino lo mejor del pasado prevalecerá ante la acometida de lo nuevo. Diariamente, las transformaciones serán registradas para que los hombres comparen y admiren: un nuevo mundo se construirá en la brillante luz del día. Todos, a su manera, participarán, cada uno añadirá su visión y contribuirá al todo.

Para muchos, la misma presencia del Cristo constituirá un problema: sus creencias sostenidas durante largo tiempo serán sacudidas hasta su esencia. Para ellos, un período de examen de conciencia será inevitable mientras intentan comprender el significado de la nueva dispensación; las creencias antiguas tardan bastante en desaparecer y causan un daño penoso durante el proceso. Sin embargo, millones responderán con un corazón alegre, felices de aceptar al Instructor entre ellos. Pocos, con el tiempo, se opondrán al reconocimiento común de que el Cristo, en la persona de Maitreya, camina otra vez sobre la Tierra.

Aquellos relativamente pocos que han mostrado el camino en preparación para este momento se encontrarán que se les ofrece un nuevo campo de servicio: un esfuerzo educacional de gran alcance. De todos los lugares llegarán las preguntas; un hambre de conocimiento largo tiempo sentido, como un río contenido en un dique, romperá y desbordará sus márgenes. Muchos buscarán saber los fundamentos y la historia de este suceso; para otros, el futuro inmediato será su principal preocupación. Sin embargo otros sentirán la necesidad de analizar y cuestionar cada explicación, insatisfechos al final con todo excepto sus propias creencias. La persuasión y el tacto, por lo tanto, deben estar al orden del día, para evitar la embestida de la intolerancia y el orgullo.

Las sociedades, en todo el mundo, desempeñarán su papel, asegurando la amplia difusión de las enseñanzas necesarias. Mucho queda por darse, pero, ya, mucho permanece sin abrir y sin leer en las manos de los hombres. Esforzaos, es el consejo, para inculcar el hábito de leer mucho, para así informar y guiar a los buscadores en el sendero. El estudio sistemático de las enseñanzas, y los serios intentos de vivir los preceptos de Maitreya, darán el equilibrio necesario y la autoridad para enseñar. Cada uno, así equipado, puede valerse de esta oportunidad de servir otra vez. Aprovechadla, es el consejo, con la mayor prontitud y humilde orgullo.

Un Maestro Habla, Tomo I

* Este artículo del Maestro de Benjamin Creme fue publicado por primera vez en la revista *Share International* y más tarde en el libro *Un Maestro Habla Tomo I.*

El Despertar de la Humanidad

El siguiente artículo es una versión editada de la charla de Benjamin Creme, impartida durante las Conferencias de Meditación de Transmisión de julio de 1994 en San Francisco, EEUU.

Kali yuga

"Primero, los hombres despertarán a una nueva situación, una completamente desconocida y singular: nada similar habrá sido la experiencia de alguien con vida".

Yo no sé si habréis pensado en ello, pero esto es evidentemente cierto. Cuando Maitreya hable como el Instructor del Mundo para la nueva era, instruyendo a la humanidad con ciertas ideas que nosotros, como estudiantes de la tradición esotérica, damos por sentadas y con las que nos hemos familiarizado en el proceso de dar a conocer Su presencia, la mayoría de la gente va a tener una revelación extraordinaria. El mundo en su conjunto no sabe que la Jerarquía existe. Ha oído que el Cristo existe, pero viviendo arriba en el cielo en algún remoto lugar en el firmamento – esperando el fin del mundo para volver sobre una nube. Esto, como ya sabéis, es la expectativa general de los cristianos ortodoxos. Las otras religiones tienen igualmente sus inverosímiles escenarios para la venida del Instructor entre nosotros. Los musulmanes esperan al Imán Mahdi quien, de la misma manera, sólo puede venir en el Día del Juicio Final, nuevamente en el fin del mundo; y a Damasco, "el centro del mundo", al mediodía, cuando aparecerá repentinamente y dirá: "He venido. Dadme pan. Dadme ropas." Los hindúes tienen su propia interpretación, esperan al Kalki Avatar o el regreso de Krishna, al final del Kali Yuga.

Oí el otro día que Sai Baba había anunciado recientemente que el Kali Yuga había terminado, que estaba ahora llegando a su fin. Yo pensaba que había dicho eso hace varios años, y nosotros lo publicamos en *Share International*, ¡pero es que nosotros estamos siempre por delante de los acontecimientos! Mi Maestro afirmó, como lo hiciera Swami Premananda, que el Kali Yuga estaba desde luego terminando y nosotros publicamos eso al mismo tiempo.

No obstante, como siempre, ha habido un rumor proveniente de Puttaparti, de que Sai Baba ha dicho que el Kali Yuga ha terminado ahora, y que esta semana, desde el lunes 18 hasta hoy viernes 22 Julio de 1994, ha sido un período muy importante en la vida de esta tierra. Que yo sepa, Él no ha explicado por qué fue importante, por qué fue tan crucial. Yo lo he verificado, por supuesto, con mi propia fuente de información. En efecto, lo que parece ser a lo que se refería Sai Baba es que esta semana es la culminación de un gran período de ensayo y prueba para la tierra, y que la tierra lo ha superado sin peligro – es decir, principalmente la humanidad, aunque no solamente la humanidad.

Por ejemplo, una gran batalla ha tenido lugar, en los niveles Cósmicos, entre las fuerzas de la Luz, bajo Maitreya, y ciertas fuerzas Cósmicas malignas. Esto ha culminado recientemente en un triunfo de nuestra Jerarquía Espiritual. Maitreya ha estado esperando justamente un momento semejante para emerger abiertamente. Como ya sabéis, en otras ocasiones, en particular en 1985 cuando Maitreya estaba preparado para presentarse a un grupo de periodistas que se reunirían en Londres, tuvo lugar una gran batalla, de nuevo a niveles Cósmicos, entre estas fuerzas y nuestra propia Jerarquía planetaria. Esta, también, terminó con un triunfo de nuestra Jerarquía, pero a expensas de la presentación de Maitreya. Fueron necesarios todos los esfuerzos combinados de la Jerarquía para contener la ofensiva que fue lanzada.

Yo conozco las señales. Yo sé que durante un período semejante cuando tienen lugar las batallas cósmicas, sobre las cuales la humanidad no sabe nada, mi Maestro llega a estar muy remoto. Puedo sentir Su lejanía. Aunque Él responda y conteste a preguntas, es como si Sus respuestas vinieran a través de una serie de filtros y barreras. Todos los Maestros estaban centrados totalmente, meditando. Lo mismo sucedió en los dos o tres meses antes de julio de 1977, cuando Maitreya descendió desde Su retiro en los Himalayas.

Habiendo aceptado la invitación para aparecer en una importante cadena de EEUU, ha esperado el mejor momento posible para hacerlo. Este sería cuando las energías espirituales en el mundo estuvieran en su mayor plenitud, cuando se hubiera almacenado una reserva que garantizara (en la medida en que esto pueda siempre garantizarse) una respuesta correcta de la humanidad. Para que no se malgastara, que la máxima respuesta de la mejor clase, positiva y de buena acogida, surgiera de tal emisión.

Durante los Tres Festivales Espirituales, en abril, mayo y junio, poderosas energías se vertieron en el mundo – el Espíritu de Paz, el Buddha, el Avatar de Síntesis, las energías de Acuario enfocadas a través de Maitreya, y así sucesivamente. Todo esto ha ido acumulándose con tremenda potencia. El Avatar de Síntesis, en particular, lo he experimentado como nunca antes, llegando también con la fuerza de Shamballa, lo cual es inusual; normalmente es uno u otro. Esto ha construido una barrera contra estas fuerzas Cósmicas que han sido dirigidas contra nosotros, una última trinchera, si lo preferís, de estas fuerzas materialistas, tratando de evitar la manifestación de nuestra Jerarquía Espiritual abiertamente en el mundo.

No han triunfado, no triunfarán, y el camino está ahora despejado para la abierta manifestación de Maitreya y los otros Maestros. Yo creo que es esto a lo que se refirió Sai Baba cuando dijo que el período del 18-22 de julio sería de la mayor importancia. Ha girado la rueda. Estamos ahora en la era de Acuario. Sé que Maitreya dijo que cuando la tierra se ralentizará en su revolución, atraída simbólicamente más cerca del sol, que sería el giro de la rueda. Ese fue el comienzo de un proceso que ha culminado ahora. Estamos al final del Kali Yuga, y al final del Kali Yuga, Kalki Avatar puede venir. Maitreya es, por supuesto, Kalki Avatar.

Incluso en el Día de la Declaración, dudo mucho que Maitreya diga: "Yo soy el Cristo. Probablemente diga algo así como: "Muchos millones Me esperan como el Cristo, y es para cumplir sus expectativas que Yo vengo." Algo de esa naturaleza.

Él presentará al mundo en su conjunto el hecho de que Él ha estado viviendo en los Himalayas, en lugar de en "el cielo", estos últimos 2.000 años y más; que Él es el guía de un gran grupo de hombres similarmente, si no igualmente, avanzados, y que también Ellos en número creciente, estarán en el mundo. Ya están entre nosotros un gran número, 14 incluyendo a Maitreya.

Esto será una revelación para la humanidad. Hay una cosa de la que estoy en desacuerdo con el Maestro DK. Encuentro muy difícil estar de acuerdo cuando Él dice que la idea de Jerarquía se ha infiltrado hasta "el hombre de la calle". Podría pensar que probablemente todo el mundo en California hoy ha oído acerca de los Maestros. ¿Pero en la ciudad de Kansas? ¿Cleveland? ¿Detroit? Lo dudo. ¿Manchester? ¿Birmingham? ¿Bremen? ¿Yokohama? No, pienso que hay muchos lugares en el mundo, la mayoría de ellos en particular, donde la idea de la Jerarquía no ha penetrado nunca en la conciencia de la gente.

Con todo, van a enterarse de esto por primera vez en el Día de la Declaración. Y van a oír sobre ello de Aquel que lo sabe, quien dirige a todo el grupo de Maestros, y de esta milagrosa manera siendo sus mentes adumbradas. Como lo dice el Maestro, "individualmente y solemnemente solos" oirán esta voz en sus corazones. ¿Podéis imaginaros la experiencia que esto supondrá para la mayor parte de la humanidad, que nunca antes ha oído hablar acerca de los Maestros o de un Cristo que no está arriba en los cielos; un gran Instructor que está realmente ahí en la pantalla de televisión hablando por primera vez con la totalidad de la humanidad de esta extraordinaria manera? ¿Podéis imaginaros lo que esto significará, la conmoción en la conciencia de la mayor parte de la humanidad, probablemente la mayoría de los cinco mil quinientos millones de personas que viven en el mundo.

Todavía no he podido comprender la inmensidad de este suceso. Lo he dicho tantas veces, pero nunca hasta este momento, y probablemente ni en este momento, he sido capaz de comprender el enorme impacto de ello, la enormidad, la novedad, la originalidad, de este suceso. Por primera vez en la historia, habrá un contacto telepático mundial. El mundo entero estará en contacto con un solo hombre, oyendo Sus palabras entrando en sus mentes en su propio idioma, hablando directamente con ellos, "individualmente, y solemnemente solos". Cada individuo estará mirando a la pantalla. Se mirarán unos a otros para preguntarse: "¿Estás oyendo lo que yo oigo?" A causa del tono de voz, por así decirlo, el tono del pensamiento, la solemnidad de las ideas, la inmensidad de estos conceptos, la gente experimentará lo que nunca han experimentado en sus vidas. Esto es fenomenal. Estamos ante un momento único en la historia de este planeta.

"Completamente desconocida". Este es el eufemismo del año. *"Completamente desconocida y singular."* Una nueva situación. Repentinamente, la gente sabrá que no tenemos que esperar a que desciendan ovnis para tener Seres iluminados entre nosotros. Sabremos que 'ese' hombre es el Ser más iluminado que probablemente podamos conocer. Y Él no está solo; Él tiene a un grupo grande de hombres similarmente iluminados que van a vivir entre nosotros, que van a ser accesibles: para saber, para aprender de ellos, para guiar y aconsejar a la humanidad. Esto debe significar un fenomenal alivio del peso de la inquietud y la depresión. Podéis imaginar qué efecto tendrá esto cuando la humanidad, viviendo

principalmente en la tensión e inquietud, oiga Sus palabras de esperanza e interés.

La mayoría de las personas, ya estén al borde de la muerte por inanición o sean multimillonarias, viven bajo el estrés. Cualquiera que viva hoy en día y sea medianamente sensible debe estar viviendo bajo condiciones de esfuerzo, de tensión: de expectativa interior a causa de su sensibilidad como alma, pero quizás sin saber qué es lo que está sucediendo. Respondiendo a las energías quizás negativamente, encontrándolas simplemente una imposición, tratando de llevarles en direcciones a las que no quieren ir. Otros aceptan con agrado estas energías, y sin saber que ellas están ahí, sacan al exterior las ideas constructivas que darán forma a la experiencia de las energías. La gente va a tener estas diferentes reacciones, no solamente a las energías, sino a Aquel que lleva estas energías, el Portador de Agua. Si Él se llamará a Sí mismo el Portador de Agua en ese día, yo no lo sé. Mi suposición es que lo hará.

"Nadie, en ninguna parte, habrá escuchado antes los pensamientos emitidos en aquel día de los días. Nunca antes, los hombres habrán escuchado el llamado a su divinidad, el desafío a su presencia aquí en la tierra."

Es un desafío. Maitreya presentará al mundo una elección: continuar como estamos, en las viejas, codiciosas, egoístas, muy humanas maneras, y destruirnos a nosotros mismos, o demostrar por fin el potencial divino en cada persona al comprender las realidades de la vida: el hecho de la unidad del alma; de la unidad, por lo tanto, de la humanidad como un grupo de almas en encarnación. Esto será una revelación para la mayoría de la humanidad.

Millones de personas ya creen en el alma, creen en la idea del alma, pero tienen muy poca noción, me parece a mí, de lo que es realmente el alma. Para la mayoría de los cristianos, y no solamente para los cristianos, el alma es una maravillosa, hermosa, poderosa entidad divina que vive arriba en el cielo y que, cuando morimos, nos presentamos ante ella y la conocemos por primera vez. Y que esto es el fin; entonces continuamos como almas con un arpa si nos gusta. Y un día en el fin del mundo el Cristo descenderá y habrá un gran éxtasis en "el cielo".

Es una idea hermosa, pero es una idea mística. La verdad es aún más hermosa, más maravillosa: esa divinidad puede ser, está programada, planeada para que sea, manifestada en el plano físico. Esto es un misterio más grande y de una mayor belleza que cualquier éxtasis en "el cielo". Traer la realidad del alma, esa divinidad, al plano físico y demostrarla como un Maestro, o un Krishnamurti, o un Leonardo da Vinci, es, a mi parecer, un misterio y belleza mayor que la idea mística de unión en "el cielo".

Eso será una súbita revelación para la humanidad. Nosotros sabremos que somos almas. Se nos presentará de tal manera que inmediatamente comprenderemos su realidad y sentiremos esta divinidad en nosotros mismos. El Principio Crístico, la energía que Maitreya encarna, fluirá, como Él ha dicho, en tremenda potencia. Será como si, Él dice, "Yo abrazase a toda la humanidad". Eso será una experiencia extraordinaria para todos nosotros.

Propósito y significado

"En estos preciosos minutos", dice el Maestro, *"Cada uno individual y solemnemente solo, conocerá en ese momento el propósito y significado de su vida."* Por primera vez comprenderemos, durante este adumbramiento, escuchando las palabras de Maitreya, el esbozo de la realidad de nuestra estructura espiritual como espíritu, reflejado como almas, involucrados en el plano físico como la personalidad humana. Esto llegará a estar claro, comprendido repentinamente, si no completamente entendido, por millones de personas por primera vez – un suceso formidable para la mayoría de la gente, escuchando ideas con las que ya están familiarizados aquellos interesados en las enseñanzas esotéricas, incluso si realmente no las comprenden y experimentan como una realidad.

Cada uno "individual y solemnemente solo" sabrá esto durante ese corto tiempo, cuando Maitreya esté adumbrando al mundo, quizá media hora, 35 minutos, a lo sumo. Durante ese tiempo el mundo permanecerá quieto. Nada más podrá hacerse, todos estarán escuchando, experimentando las ideas, mirándose a sí mismos según Él hable de corazón a corazón, para que su atención esté centrada en su realidad, en su cualidad de Ser en el corazón, no en su sentido de sí mismos como el Sr. Smith o la Sra. Johnson o quien sea. Repentinamente, durante ese tiempo, la humanidad se experimentará a sí misma por lo que realmente somos, almas en encarnación, seres divinos.

Entonces, habiéndonos dado el sentido de nuestra divinidad, Él presentará el desafío a esa divinidad. Hablará de las necesidades del mundo: el hecho de los millones que padecen hambre, "una blasfemia en medio de los hombres", como el Maestro lo llama. Él mostrará este problema como la primera prioridad esperando a una regenerada y renovada humanidad. Él mostrará que sin afrontar el problema del hambre y la inanición en medio de la abundancia nosotros nunca daremos un paso adelante en la demostración de la divinidad de la cual Él está dando a la gente una muestra, quizás por primera vez. Según escuchemos, sentiremos que somos divinos. Nos veremos a nosotros mismos bastante diferentes de lo que pensamos. Recordaremos nuestros sentimientos de la niñez. El Maestro lo pone de una manera tan hermosa: *Cada uno, individual y solemnemente solo, conocerá en ese momento el propósito y significado de su vida, experimentará nuevamente la gracia de la niñez, la pureza de la aspiración limpia del yo.*

La belleza del niño es que tiene toda la aspiración del alma en encarnación. En ninguna manera manchada con escepticismo, con cinismo. Sabe que esto es lo mejor para el mundo. Dice: "Si hay enfermedad en el mundo, debería eliminarse por "arte de magia". ¿No sería maravilloso si nosotros pudiésemos eliminar por arte de magia todos los males del mundo? "Cada niño quiere, y emplea la idea de la magia, para librarse de los problemas del mundo – una aspiración totalmente altruista. Cuando el corazón hable, cuando la energía del Cristo, fluyendo a través de los corazones de la humanidad, despierte en cada uno de nosotros esa temprana, pura aspiración, el mundo se volverá hacia Él.

Alegría

"En estos preciosos minutos, los hombres conocerán nuevamente la alegría de la plena participación en las realidades de la vida; se sentirán unidos unos a otros, como la memoria de un pasado distante."

La gente se dará cuenta por primera vez de que, hasta entonces, sólo han jugado en la vida. Que nunca han tocado realmente la esencia de lo que es la vida realmente; quizás como niños, sí, pero nunca con esa experiencia simple, espontánea y directa de lo que es, de lo que la vida es realmente en este momento, de la forma en que el niño automática e instintivamente hace. Todo de esa plena, rica, total absorción y concentración en la experiencia de momento a momento de la vida tal y como es, está cubierto por tensiones, por 'busy-nesses' (N.T. Juego de palabras entre negocios y ajetreo), por todas las preocupaciones y problemas que rodean a cada ser humano adulto en el mundo. Pocos pueden, durante mucho tiempo, experimentar el placer total de la belleza de la vida, de la total absorción en esa realidad.

Durante ese tiempo, durante esa media hora, o lo que sea, la totalidad de la humanidad experimentará esa alegría infantil de estar verdaderamente vivo. Y de estar *vivo*, no sólo físicamente, una sensación de bienestar, de buena salud, sino un sentimiento de ser una totalidad, conectado a la realidad de la vida en todos sus diferentes niveles. Esto es nuevo, y aún así la gente sentirá: "Esto es, y tiene que ver con todos." Se sentirán conectados unos a otros aunque no se estén viendo porque sabrán que todos en el mundo están teniendo la misma experiencia. Algunos, por supuesto, en mayor grado que otros. Algunos se preocuparán con todo lo que oigan. Otros abrirán sus corazones y lo asimilarán y lo experimentarán por la bendición que es.

"Como la memoria de un pasado distante." La gente tiene, en el mismísimo asiento de su conciencia, el sentido de vidas pasadas, de experiencias pasadas, de la experiencia del alma, de vida fuera del cuerpo, así como la vida en el plano físico. Esto se encuentra en el centro de la conciencia de cada ser individual. Y en ese momento, ellos experimentarán una relación con toda su experiencia previa como persona, y sabrán que ese contacto es la realidad para todos. Todos nosotros somos partes de un gran Superalma. En el plano físico este hecho proporciona el sentimiento de fraternidad, de interrelación y en el caso de la mayoría de la gente, "como la memoria de un pasado distante", algo desde muy atrás se registrará y ellos dirán: "Sí, ¡esto es la verdad! Así es como es." La verdad de lo que Maitreya esté diciendo llegará a ser una experiencia en un sentido energético, y también de conciencia y memoria. Las palabras, el significado de las palabras, la información, y la misma experiencia del Principio Crístico despertará todo esto en todos.

"Repentinamente, los hombres comprenderán que su vida hasta ahora era una cosa superficial, falta, para la mayoría, de todo lo que hace querida a la vida: fraternidad y justicia, creatividad y amor".

Existen pocos que conocen lo que es la fraternidad, y la justicia es un sueño soñado por muchos, luchada por muchos, y, hasta ahora, nunca alcanzada a una escala mundial. Algunos han alcanzado un grado relativo de justicia: los sindicatos han luchado por la justicia en su vida industrial; la gente ha luchado por la justicia política, por la justicia económica. Desde siempre, parece ser, la mayoría de la gente ha luchado por la justicia, porque es el concepto número uno en la mente humana. Significa correctas relaciones; ese es el significado de justicia. La gente sabe instintivamente en su mejor y más elevado momento que el significado de la vida es el de demostrar correctas relaciones. Pero ¿cómo podemos hacerlo cuando no hay justicia?

Algunas personas se exaltan y motivan fuertemente por la injusticia. Otros sufren la injusticia durante mucho tiempo antes de reaccionar. Pero todos, en el fondo de su ser, anhelan la justicia. No puedo imaginar a nadie que, simplemente sin motivo, le guste la injusticia. Pueden sobrellevarla, pueden en realidad crearla por sus acciones egoístas, pero nadie la propone como la mejor relación posible que podríamos tener. Ellos no serían tan estúpidos; sabrían que nadie les creería. La justicia se toma, como el amor se toma, como una expresión de la naturaleza de nuestro ser divino. Y es indivisible. Sólo existe una justicia, un amor, una libertad, y eso es lo que la gente anhela. Anhelan la justicia, incluso aunque puedan hacer lo contrario. La gente anhela, muy a menudo, aquello de lo que son menos capaces de demostrar. Pero debido a ello, lo anhelan. Anhelan aquello que saben que está mal expresado en su comportamiento, en su naturaleza. Es la base de la culpabilidad. Puede también ser la base de un gran esfuerzo revolucionario.

"Muchos sabrán por primera vez que ellos cuentan, que ellos importan en el esquema de las cosas."

La mayoría de la gente, en todas partes, tiene la idea de que ellos no valen nada a menos que nazcan en una familia rica o en una situación de poder. A no ser que ellos estén equipados con un poderoso cerebro y una gran ambición y el impulso, la energía, para conseguir el cumplimiento de su deseo, piensan que no cuentan. Se sienten como 'fracasados'. Durante siglos nuestras injustas estructuras políticas y económicas han creado esta ilusión que tiene la mayoría de la gente: que ellos no cuentan. Que son simplemente nadie, peones, labradores, "los trabajadores", zánganos, ahí para el beneficio de otros.

Si has nacido en una situación de poder, si tu padre es rico, si te puede dejar mucho dinero, o una posición de poder, si puedes comenzar desde una situación semejante, la tendencia, a menos que seas un individuo notablemente avanzado, es la de ser complaciente con esa situación –

para aprovecharse de las injusticias que esta crea y fortalecerlas. El principio del deseo de la personalidad (no me refiero en todos los casos por supuesto; ha habido reformadores maravillosos) se ha empleado para aumentar las ventajas que los poderosos ya poseen. Este es el motivo por el cual el mundo cambia tan lentamente.

Hay muchas personas poderosas en el mundo que saben los cambios que el mundo necesita, pero que nunca buscan llevarlos a cabo. Por el contrario, frecuentemente tienden a fortalecer las desventajas para otros que claramente ven. Tienden a hacer crecer más sus fortunas, su posición más fuerte. Es para ellos un proceso de autodefensa. Mantienen, o tratan de mantener, la situación. La situación está a punto de cambiar en cada aspecto de la vida; ha llegado el momento de manifestar estos cambios. Solamente por esta misma razón, mucho de lo que Maitreya dirá será muy desagradable de escuchar para una gran mayoría de individuos actualmente poderosos y privilegiados.

Autoestima

"Un sentimiento desconocido de autoestima reemplazará su presente desesperanza. Las drogas de todo tipo dejarán de dominar a los hombres."

La mayoría de la gente acude a las drogas porque tienen un sentido de falta de esperanza. Como dice Maitreya, padecen una "inanición espiritual." No ven ninguna esperanza, ningún futuro. Nada de lo que hacen jamás parece funcionar. A menudo se encuentran en un nivel social tan bajo que no existe ninguna posibilidad de que puedan lograr lo que probablemente anhelan: poder, riqueza, admiración, amor, afecto, todas las cosas que todo el mundo anhela pero que poca gente realmente alcanza. Requiere mucha energía, mucha de lo que se llama 'suerte', y mucho trabajo duro para realizar las ambiciones que muchas de las personas que están enganchadas a las drogas tienen, pero que no tienen posibilidad de conseguirlas. Saben que no tienen la energía, las ventajas. A menos que puedan conseguir dejar las drogas, no existe la más mínima esperanza. Estando enganchados, no tienen la ambición, sino sólo la *idea* de la ambición. Sobre todo no tienen la *voluntad* para salir de esa situación. Si no se aplica la voluntad a la situación, nada puede cambiar. Pero cuando un sentimiento de autoestima toma el lugar de la desesperanza, entonces todo es posible. Y cuando acompañan a esta recién encontrada autoestima los cambios sociales, políticos, y económicos, y establecen una norma en la que todo el mundo tiene un lugar, en la que todo el mundo cuenta, entonces tendremos una sociedad completamente nueva.

"Silenciosamente, las lágrimas de los hombres fluirán en humilde gratitud y anhelo por el bien."

La gente es cínica, pero en su interior no es realmente cínica. La mayoría de la gente, la gran mayoría de la gente en todas partes, anhela el bien. Anhelan el bien porque saben que es lo único que merece la pena tener. Saben que lo que llamamos correctas relaciones, correctas relaciones humanas, no sólo es el próximo logro predestinado de la humanidad, sino que es bueno, algo que esperar con ilusión, algo que es necesario.

Todo el mundo anhela amor, afecto, armonía, el establecimiento de las condiciones en las que su creatividad pueda manifestarse. Para la mayoría de la gente esto no está disponible. Para la mayoría de la gente, la creatividad es un sueño, algo que murió en la infancia, antes de que incluso tuvieran una oportunidad para ser creativos. Esta es la realidad para la mayoría de los cinco mil quinientos millones de personas en el mundo. Las personas que tienen la oportunidad, los estudios, y el apoyo, financiero o de otro tipo, de ser creativas son relativamente pocas; son los afortunados. No es porque sean superiores, es porque se han dado diversas circunstancias que determinan si algunas personas tendrán ese tipo de 'suerte' o si serán relegadas al cubo de basura.

Es principalmente un problema político/económico. Es una crisis espiritual por la cual actualmente está atravesando la humanidad: no sabemos quiénes somos. Hemos olvidado la realidad de nuestro ser. Esa crisis espiritual está enfocada a través de los campos político y económico y a menos que podamos crear instituciones *espirituales*, políticas y económicas no conoceremos la paz o la justicia, y la evolución humana cesará en este planeta. Esa es la naturaleza de la crisis: descubrir quiénes somos.

En estos minutos, en esa media hora, la gente se dará cuenta de quiénes somos. Cada individuo, él o ella, al experimentar este adumbramiento por Maitreya, al experimentar el Principio Crístico, y despertar a lo que Él está diciendo, y a la realidad de su propia naturaleza espiritual, dirá: "¡Sí, esto es! ¡Quiero esto! Lo quiero porque es el bien. Esto es lo que siempre he querido. Recuerdo cuando era un niño pequeño, una niña pequeña, solía soñar con esto para el mundo. Y lo he olvidado. No he pensado en ello en todos estos últimos 30, 40, 50 años." La gente despertará de nuevo a su antigua aspiración de correctas relaciones. La gente quiere esto entre ellos y los demás. Lo anhelan, saben que es lo correcto. En su interior todo el mundo anhela ese sentido de justicia, de bondad, de correctas relaciones, de libertad para todos. Y "las lágrimas fluirán en humilde gratitud." Será una tarde muy húmeda.

"Desde ese momento en adelante un nuevo espíritu de santidad prevalecerá sobre la Tierra."

Desde ese momento, y durante un tiempo, este sentimiento perdurará. Este día, esta experiencia de media hora, o lo que dure, seguirá en los corazones de la gente. Se sentirán estimulados como nunca antes. Sentirán: "Oh, debe ser maravilloso estar así todo el tiempo. Recuerdo, así es como me sentía cuando era niño."

La gente sentirá una vez más esa frescura y vitalidad y elevación de espíritu, la alegría, que tienen los niños, pero que la mayoría de los adultos ha perdido. Porque llevan consigo sus preocupaciones: "¿Cómo voy a pagar el alquiler, el colegio, las facturas del médico?" La gente se muere de preocupación. Se esfuerza por resolver la vida. Se llama comercialización. La comercialización ha ocupado el lugar de la vida real. Es por esto que Maitreya la denomina "más peligrosa que una bomba atómica." Roba la vida de la gente. Toma su vida hasta que les saca hasta la última gota, como un limón exprimido.

"Los hombres caminarán de puntillas durante un tiempo."

¿No es hermoso? Los hombres caminarán de puntillas. No hagáis demasiado ruido, podría estropear esta maravilla. Hablad bajo. No gritéis. Dejadme guardar esto en mi corazón. La gente no sabrá que hacer consigo misma. Querrán guardar este sentimiento, que, por supuesto, no perdurará para siempre. Pero perdurará por algún tiempo, y este sentimiento de que han tocado la divinidad permanecerá.

Espíritu de santidad

"Un nuevo espíritu de santidad prevalecerá sobre la Tierra."

Cuando vean a Maitreya, y cuando veáis a Maitreya, sabréis lo que significa el Maestro. Yo diría que, sobre todo, la cualidad que rodea a Maitreya es la santidad, la beatitud. A mi juicio, Él encarna todo aquello que podéis imaginar acerca de Dios. Él no es Dios, por supuesto (excepto en el sentido de que todos somos Dios), pero está imbuido de la santidad, la beatitud de Dios; el amor y la voluntad y la sabiduría puros Le rodean como un aura. Esto es lo que irradia e irradiará en ese día. Evocará ese mismo sentimiento en todas las personas, o la mayoría de las personas que le escuchen y que experimenten Su energía en el Día de la Declaración.

El sentido de que la vida es sagrada será renovado en las mentes y los corazones de la gente. Por un tiempo, nadie querrá romper el sentimiento de que habremos visto la vida de una forma nueva, de que es sagrada, santificada, y de que depende de nosotros el demostrar esto: conseguir librarnos de toda la confusión que impide que se demuestre esa santidad. Maitreya relacionará los problemas políticos, económicos y sociales con la demostración de la santidad de la vida. La gente lo comprenderá, y *"caminará de puntillas durante un tiempo."* Es hermoso.

Pronto, sin embargo, los hombres se darán cuenta de que no es tan fácil; los problemas seguirán estando ahí. Simplemente porque el Cristo se encuentre en el mundo, no podéis huir de los problemas, que son reales. Vivimos en el plano físico, y aunque, durante un tiempo, la gente experimentará una santidad divina y lo conocerán como la verdadera cualidad de la vida, también sabrán que para demostrar esa santidad la vida en el plano físico debe cambiarse. No podremos por más tiempo mirar a los millones de personas matándose unas a otras, o muriendo de hambre en medio de la abundancia.

"Los hombres comprenderán que los cambios necesarios en el mundo son vastos, múltiples", verdaderamente complejos, y un gran número de ellos, "requiriendo paciencia y dedicación, imaginación y confianza."

La gente tendrá que creer que Maitreya y los Maestros saben de lo que hablan. Tienen que aceptar confiando que estos cambios realmente transformarán su vida. Tienen que darse cuenta de que los principales obstáculos a la demostración continua de esa divinidad, la que, durante media hora, experimentarán, son las viejas divisiones políticas y económicas en el mundo – con millones muriendo de hambre, otros viviendo no mejor que animales. Tienen que ver que aunque están muy lejos, en Africa, la India, o Sudamérica, no en la casa de al lado, se deben abordar estos problemas. Y la gente se despertará a la realidad de la vida.

Rehabilitación

"Poco tiempo después los hombres en todas partes se dedicarán al trabajo de reconstrucción, de rehabilitación del mundo."

Los Maestros estimularán, con Su energía espiritual, todo a Su alrededor. Su percepción de los problemas y de su solución será claramente definida y lógica. Sus discípulos, hombres y mujeres en todas partes, serán elegidos para posiciones de influencia y poder – por el método democrático – y efectuarán los cambios necesarios.

La gente en todas partes se comprometerá en este trabajo. La ayuda para los pobres y hambrientos ocupará el "primer lugar." Maitreya dice que la prioridad número uno es la de librar al mundo del hambre para siempre. "Y de esta forma acabará para siempre una blasfemia entre los hombres." El fin de la inanición, la alimentación de los hambrientos, la rehabilitación de los pobres, es la prioridad número uno después del Día de la Declaración. Tiene que ser abordado a gran escala. Se establecerá un nuevo organismo de las Naciones Unidas para ocuparse de esto. Encabezándola estará un Maestro, o por lo menos un iniciado de tercer grado, y, mediante sus acciones, reconstruirá el mundo; el reparto de los productos del mundo procederá con rapidez.

La humanidad, por supuesto, tiene que aceptar esto. Nuestro libre albedrío nunca será infringido. Los gobiernos acudirán a Maitreya, y a los demás Maestros cuando sean conocidos, y preguntarán: "¿Qué hacemos, cuál es su consejo?" Debido a la inmensidad de los problemas, y la urgencia de la necesidad, se movilizarán todos los recursos. Los esfuerzos de las organizaciones humanitarias, hasta el momento, serán como gotas en el océano comparado con lo que se logrará en los primeros meses y el primer año o dos después del Día de la Declaración.

"Millones conocerán por primera vez la silenciosa felicidad de la necesidad satisfecha."

Cuando tenemos hambre compramos algo para comer. Vamos al restaurante o miramos en el frigorífico. Una silenciosa satisfacción, no nos lo pensamos dos veces. Pero si estás viviendo en el Tercer Mundo, si eres uno de los 1.300 millones de personas que viven en la *pobreza absoluta*, si eres uno de los 38 millones que están literalmente muriéndose de hambre, no puedes hacer esto.

Así terminará lo que el Maestro llama "este oscuro capítulo en la historia de la raza." "Nunca más las imágenes agonizantes de los hambrientos deshonrarán las pantallas de los prósperos. Ya no verán los hombres morir a sus hermanos ante sus ojos." Esta es una tragedia que ha durado tantos años, desde que tengo uso de memoria.

"Cambios, desiguales en alcance, ocuparán las mentes y corazones de los hombres; nada sino lo mejor del pasado prevalecerá ante la acometida de lo nuevo."

Todo aquello que obstaculiza el camino de las nuevas energías, las nuevas estructuras que estas energías crearán – relacionadas con la síntesis, el compartir, la justicia, la libertad para todos, en cada país sin excepción – todo aquello que obstaculice su consecución, caerá, no prevalecerá.

"Sólo lo mejor del pasado..." Por supuesto, siempre existe algún bien al final de cada era. Los logros de la época, las aspiraciones de millones, el deseo de compartir, las agencias humanitarias, las organizaciones como las Naciones Unidas y las diversas agrupaciones internacionales que, detrás de la escena, unen a la gente con la gente y aportan un sentido de internacionalismo y cooperación se mantendrán y aumentarán. Sólo se pueden fomentar en la nueva situación. Pero aquellas que obstaculizan el camino, aquellas estrechas estructuras nacionalistas basadas en la competencia, las fuerzas del mercado y en la codicia, encontrarán imposible resistir *"la acometida de lo nuevo"*, las ideas del nuevo tiempo.

Lo primero en desaparecer serán las bolsas del mundo. Como Maitreya ha dicho, están a punto del colapso. Caerán porque son un obstáculo a las correctas relaciones. En realidad no tienen ninguna relación con las necesidades incluso del comercio entre los países. Son un anacronismo, lo que Maitreya llama, con mucha exactitud, "casinos de juego" que no tienen ningún papel que desempeñar en el tiempo futuro, por lo menos en su forma actual.

"Diariamente, las transformaciones serán registradas para que los hombres comparen y admiren.

En lugar de ver todas estas telenovelas y comedias, encenderéis la televisión y veréis lo que está sucediendo en Roma, Moscú, Tel Aviv y Seattle. Qué nueva maravilla se ha logrado en el mundo, qué nuevo récord se ha batido en el alcance de la igualdad, la justicia y las correctas relaciones. Esto será grabado y emitido a diario. La gente se dará cuenta de ello y compararán, y dirán: "Aún no hemos hecho eso. Tenemos que hacerlo." Este es el tipo de competencia y rivalidad que será un estímulo muy positivo para conseguir estas metas. La gente dirá: "Si ellos pueden hacerlo, nosotros podemos hacerlo." Y así subirán diariamente las listas de puntuación: conseguido el fin del hambre en tal y tal y tal lugar. La gente en tal sitio rehabilitada, realojada, y etcétera. Todo esto será registrado, para que todo el mundo se mantenga informado de las transformaciones que están teniendo lugar. *"Un nuevo mundo se construirá en la brillante luz del día."*

"Para muchos, la misma presencia del Cristo constituirá un problema." Existen muchas personas que odian toda esta idea, que no quieren el cambio. *"Sus creencias sostenidas durante largo tiempo serán sacudidas hasta su esencia."* Cuando el Cristo aparezca en la televisión y les adumbre y diga: "Yo soy el Instructor del Mundo, yo soy aquel al que esperáis." Quizás Él diga algo como esto, no lo sé. De alguna manera, Él dará a conocer que Él es Aquel esperado por todos, incluso aunque no sepan que Lo esperan.

Algunos atravesarán un período muy difícil. "Para ellos, un período de examen de conciencia será inevitable mientras intentan comprender el significado de la nueva dispensación; las creencias antiguas tardan bastante en desaparecer y causan un daño penoso durante el proceso." Si eres un fundamentalista cristiano, hindú, budista, musulmán o lo que sea (y para ser justo, para esa gente, su religión es seria; ellos mantienen estas creencias de manera muy seria, si bien fanática), esto va a ser muy perturbador. Muchos de ellos creen, actualmente, que Maitreya es el Anticristo. Van a quedar verdaderamente desconcertados cuando vean al que consideran el Anticristo hablándoles con una hermosa y maravillosa visión del futuro. Y no sabrán si creerlo o no.

Tendrán la misma experiencia, sentirán Su energía, sabrán que este hombre encarna la energía y no se siente mal. Se siente bien, de hecho, es como cuando van a la iglesia, sólo que mejor, más aún. Van a tener un problema.

Entonces verán todos los cambios en el mundo. Finalmente, tanta gente estará implicada en los cambios, tan respetable llegará a ser toda esta experiencia, que encontrarán cada vez más difícil mantener su oposición a ello. Será una época triste para los fundamentalistas porque verán el fin de sus creencias. Tendrán que reemplazarlas con todas estas ideas de la Nueva Era. Tendrán que aceptar que esos tipos de la "Nueva Era" estaban diciendo la verdad, hablando con sentido, que no era algún tipo de ataque, una conspiración, que iba a ser impuesto sobre la humanidad por el Anticristo.

"Las creencias antiguas tardan bastante en desaparecer"– y las han tenido durante cientos de años – *"y causan un daño penoso durante el proceso. Sin embargo, millones responderán con un corazón alegre, felices de aceptar al Instructor entre ellos. Pocos, con el tiempo, se opondrán al reconocimiento común"* – la evidencia, la demostración entre ellos –*"de que el Cristo, en la persona de Maitreya, camina otra vez en la Tierra."*

Qué realización para la humanidad. Si estáis preparados con anterioridad, no lo experimentaréis. Nos lo vamos a perder en cierta manera, porque lo sabemos. Ya hemos recorrido este escenario, lo hemos vivido. Habrá una abundancia de revelaciones pero nosotros perderemos este repentino nuevo despertar a una realidad que nosotros tomamos por hecha – aunque la experiencia real será una tal como nunca os podáis ni empezar a imaginar. Cuando sintáis Su energía fluyendo a través de vuestro chakra del corazón, cuando escuchéis Sus palabras en vuestra cabeza en vuestro propio idioma, diréis: "nunca pensé que sería así. Nunca imaginé que podría ser tan poderoso y tan transformador."

"Aquellos relativamente pocos que han mostrado el camino en preparación para este momento se encontrarán que se les ofrece un nuevo campo de servicio, un esfuerzo educacional de gran alcance."

¿Os dais cuenta de lo que esto significa? La mayoría de la humanidad no sabe nada sobre esto, y querrá saber. Se preguntarán "¿Quién es Maitreya?" "¿De dónde viene?" "¿Cuáles son los antecedentes históricos de todo esto?" "Y, si es cierto lo que Él dice y el mundo va a cambiar en todas estas maneras, ¿en qué posición quedo yo?" ¿Qué les va a pasar a mis valores y acciones? ¿Qué pasará con mi trabajo?" Va a ser traumático para la mayoría de nosotros.

"Un esfuerzo educacional de gran alcance. De todos los lugares llegarán preguntas." Llegaremos a ser una oficina de información. *"Un*

hambre de conocimiento largo tiempo sentido, como un río contenido en un dique romperá y desbordará sus márgenes."

La gente tiene hambre de conocimiento. Gente que no emplearía mucho tiempo en esta información ahora descubrirá repentinamente que tienen un apetito de información como nunca antes conocieron. No serán capaces de tener la suficiente, y no serán capaces de digerir la que obtengan, así que querrán más y más.

"Muchos buscarán saber los fundamentos y la historia de este suceso. Para otros, el futuro inmediato será su principal preocupación."

¿Cómo se resolverá esto? ¿Qué tiene que decir Maitreya, o los Maestros, acerca de esto? ¿Qué pensáis que va a suceder? ¿Cómo será? ¿Qué labor puedo hacer? ¿Qué debería aprender? ¿Cómo debería desarrollarme?

"Las sociedades, en todo el mundo, desempeñarán su papel, asegurando la amplia difusión de las enseñanzas necesarias."

Nosotros no somos el único grupo en el mundo que conoce las enseñanzas esotéricas. Compartimos este conocimiento con muchas sociedades y grupos, algunos de ellos mucho más antiguos que el nuestro, que han jugado durante mucho tiempo un papel en la información de la humanidad sobre la realidad de la Jerarquía, del proceso evolutivo, de la constitución espiritual humana, y así sucesivamente.

La parte más importante del conocimiento que todos necesitan, creo, es el conocimiento de la constitución espiritual de la humanidad. Todo el mundo necesita saber que son la Mónada, una Chispa de Dios, el Ser Divino, que se refleja a sí mismo en el plano del alma como el alma individual humana (parte de una gran Superalma) que se encarna – mediante la Ley de Renacimiento en relación con la Ley del Karma – una y otra vez hasta que haya completado el viaje evolutivo y se perfeccione. Esa es la información fundamental que, yo creo, cada hombre y mujer necesita saber. Cuando lo hagan, eso por sí sólo les dará una comprensión de la verdadera relación entre unos y otros y entre ellos y Dios. A partir de ahí, el trabajo educativo puede seguir. La meditación, como el medio para reunir estas unidades separadas, será el objetivo de muchos. Pero la gente tiene que ser educada, tiene que aprender a hacer estas cosas, tiene que ver la realidad de ellas. Esta es una continua tarea educativa.

Muchas sociedades desempeñarán su papel, el Maestro dice, *"aseguran-do la amplia difusión de las enseñanzas necesarias."* Él dice: *"Mucho queda por darse."* Maitreya enseñará probablemente a diario, no lo sé, pero con frecuencia. Él ya ha dado un cuerpo de enseñanzas que se publi-có en *Share International*. Esta enseñanza continuará tanto de Maitreya como de ciertos Maestros. Pero el Maestro dice: *"Mucho permanece sin abrir y sin leer en las manos de los hombres."* Existe un extenso cuer-po de enseñanzas – las enseñanzas Teosóficas, las enseñanzas del Agni Yoga, las enseñanzas de Alice Bailey – que permanecen en su mayor parte sin leer, incluso por aquellos que las conocen.

Estoy asombrado de la falta de interés de la gente por la información, que está disponible para ellos, por ejemplo, en las enseñanzas de Alice Bailey. Me hacen preguntas que son contestadas fácilmente si simple-mente buscaran en el libro adecuado. Pero las personas son perezosas, quieren que yo se la proporcione. Estoy asombrado de la falta de lectura del material existente. Tenéis que leer a fin de saber, y tenéis que digerir lo que leéis. Así que tenéis que leerlo con cuidado.

¿Cómo podéis conocer cualquier cosa si no lo estudiáis? Tenéis que aprender a estudiar. Tenéis que hacer lo que el Maestro dice: *"El estudio sistemático de las enseñanzas, y los serios intentos de vivir los preceptos de Maitreya, darán el equilibrio necesario y la autoridad para enseñar."* ¿Cómo podéis posiblemente enseñar a otros si no sabéis vosotros mis-mos? Tenéis que aprender, vosotros mismos, a fin de transmitirlo a otras personas.

También, *"los serios intentos de vivir los preceptos de Maitreya"*. Nada convence tanto como la autoridad de la experiencia. Si ya habéis expe-rimentado algo, podéis hablar acerca de ello. Incluso si tenéis dificultad en poner la experiencia en palabras, las palabras que digáis para des-cribir vuestra experiencia de un conocimiento vivido se transmitirá al que escucha de una manera que no se podría conseguir de otro modo. Ninguna cantidad de simple aprendizaje de libro puede reemplazar lo vivido. Cualquiera puede leer un libro. Pero únicamente si habéis vivi-do los preceptos, tratado de poner en práctica, con el mejor de vuestros esfuerzos, los preceptos de Maitreya en vuestras vidas, estos tendrán esa persuasión, esa energía de auténtica viveza que queréis que la enseñanza transmita. La enseñanza únicamente significará algo a la gente si está viva, y solamente está viva si es parte de vuestra verdadera experiencia, no simplemente sacada de un libro. Si ha afectado y cambiado vuestras vidas, entonces podéis hablar acerca de ello, podéis hacerlo real y vivo en otras personas de una forma que de otra manera es imposible.

Humilde orgullo

"Cada uno, así equipado, puede valerse de esta oportunidad de servir otra vez. Aprovechadla," dice el Maestro. *"Aprovechadla, es el consejo, con la mayor prontitud y humilde orgullo."* Eso es hermoso. Humilde orgullo. Este es el camino hacia delante para los grupos. Si deseáis servir en la nueva manera después del Día de la Declaración, encontraréis un mundo ahí fuera anhelando información, experiencia: anhelando participar, que quiere saber qué es la meditación y cómo se pueden implicar, anhelando saber cuál ha sido la experiencia de otros, cómo llegaron a ella, y cómo les ha cambiado.

Querrán saber porque todos después de ese día, el Día de la Declaración, se darán cuenta de que el mundo nunca será el mismo otra vez. Un nuevo mundo, una nueva dispensación, una nueva civilización, crecerá gradualmente. Aquello que, hasta ahora, hemos dado por sentado será eliminado. No quiero decir el primer día, pero rápidamente. La gente exigirá los nuevos conocimientos, la nueva enseñanza, las nuevas revelaciones. Estas vendrán, por supuesto, principalmente de Maitreya y los Maestros. Pero cualquiera que revindique el discipulado tiene un papel que desempeñar, puede poner su energía en difundir las enseñanzas. A medida que sean necesarios, a medida que sean llamados a ello.

Preguntas y Respuestas

El Emerger de Maitreya

"En el Día de la Declaración el mundo sabrá que Yo, Maitreya, el Hijo del Hombre, mora ahora entre vosotros. He venido para mostraros las posibilidades que, como hijos de Dios, se extienden ante vosotros. Mi corazón conoce vuestra respuesta, Me enseña vuestra elección, y despierta gran alegría." (Maitreya, del Mensaje N° 137, Mensajes de Maitreya el Cristo)

P. ¿Existe alguna fecha específica para la aparición de Maitreya?

R. La mayoría de personas imaginan que los acontecimientos mundiales (y la venida de un Instructor del Mundo es ciertamente un acontecimiento mundial) tienen lugar en fechas precisas. Imaginan que todas las decisiones Jerárquicas están diseñadas para fechas escritas en piedra. Con toda seguridad esto no es el caso. Los Maestros predicen que ciertos sucesos tendrán lugar en cierto momento pero Ellos saben que la humanidad tiene libre albedrío y por tanto tiene una enorme influencia sobre el preciso momento de un acontecimiento dado. Los Maestros trabajan en ciclos de 2.000 años, así que para Ellos realmente el momento preciso no es una principal consideración. Nadie conoce la fecha exacta en la cual Maitreya iniciará Su trabajo abierto pero todos pueden comprender que es muy, muy pronto.

'Ventanas de oportunidad'

Por lo que se refiere a Maitreya, no existe una fecha fijada, ni siquiera para aparecer en televisión. Existen "ventanas de oportunidad". Estas ventanas están cambiando constantemente. Son el resultado de Su comprensión de las energías cósmicas al fluir. Estas son positivas y negativas, y cambian todo el tiempo. Eso es lo difícil para Maitreya. Con toda su claridad y visión – y dos niveles de conciencia cósmica – y adumbrado por dos Avatares colosales (el Espíritu de Paz o Equilibrio y el Avatar de Síntesis), con la comprensión cósmica que eso Le otorga, Él ve la ventana de oportunidad como sólo una posibilidad. Tan pronto como se acerca, puede ocurrir algo más que cambie de nuevo la escena. Eso pasa una y otra vez.

Él puede ver que habrá una ventana de oportunidad emergiendo en el horizonte, porque ciertas energías cósmicas fluirán y deberían permanecer durante cierto ciclo temporal. ¿Pero está la humanidad preparada en esa ventana de oportunidad? ¿Responderán entonces los medios de comunicación? ¿Qué otros factores que nosotros ni nos podemos imaginar tiene Él que tener en cuenta para constituir esa ventana de oportunidad? Deberíamos quitarnos de nuestras mentes esa sensación de impaciencia. ¿Cuál es la fecha exacta del Día de la Declaración? Maitreya, por sí mismo, no lo sabe. No quiero decir que no tenga ni idea sino que los Maestros no piensan en tiempo, así que es irrelevante fijar una fecha.

Lo que Él ve es una serie de ventanas en las que todas las fuerzas que componen los datos estadísticos por los cuales Él puede decidir un momento, tienen que tomarse en cuenta – todos esos aspectos diferentes como el estado de la humanidad, lo que hacemos por nosotros mismos, y especialmente la actividad de los Señores de la Materialidad, las fuerzas del caos, que no están cruzados de brazos sin hacer nada. Están más activos que nunca, porque saben que su tiempo se ha acabado – tan pronto como Maitreya se aparezca abiertamente, y la humanidad vea los Maestros y empiece el proceso de reconstrucción, elevando a la humanidad por encima del nivel donde pueda ser influenciada. Y a través de sus mediadores: hombres y mujeres del mundo, algunos de ellos muy conocidos en los medios de comunicación y otros campos; los líderes de ciertos países; ciertos grupos de financieros que van en contra de este acontecimiento; varios grupos reaccionarios, políticos y religiosos, esas fuerzas destructivas trabajan para evitar la aparición abierta del Cristo.

Ellos saben lo que está ocurriendo, saben que no es bueno para ellos y se oponen tanto como pueden. Hay algunas personas muy conocidas que se oponen todo lo que pueden a la exteriorización de la Jerarquía, porque para ellos significa el fin de su poder. Son hombres dominados por el poder. Su principal interés es seguir ostentando ese poder sobre sus muchos empleados, y las mentes de millones de personas en todo el mundo. Son hombres hambrientos de poder cuyo interés real en la vida, aparte de hacer dinero, es tener poder sobre las mentes de los demás y regular sus ideas de la forma que ellos creen correcta: la antigua forma codiciosa, egoísta, separatista del pasado. En cierto sentido, no pueden evitarlo. Están dominados por su naturaleza y sus energías y erigen un gran baluarte en contra de este proceso de exteriorización. No funcionará; es inevitable que no funcione – es sólo una cuestión de tiempo.

P. ¿Por qué le lleva tanto tiempo a Maitreya manifestarse abiertamente?

R. Maitreya parece estar tomándose mucho tiempo. Desde nuestro punto de vista es mucho tiempo. Desde el punto de vista de los Maestros, es como un parpadeo de un ojo. Lo que Maitreya ha estado esperando, sobre todo, es el colapso real del sistema económico mundial, el desmoronamiento de las bolsas de todo el mundo. Estas representan la gran enfermedad de la humanidad –que es, la especulación. La humanidad está especulando todo el tiempo para hacerse más rica –estamos centrados en volvernos más ricos. Hemos descendido a una profundidad de la materialidad que ahora es peligrosa para la continuidad de la existencia de nosotros y del mundo. Maitreya lo denomina el seguimiento ciego de las fuerzas del mercado. Él dice que las fuerzas del mercado tienen su papel pero el seguimiento ciego de las fuerzas del mercado sólo conduce a la destrucción. Él denomina a las fuerzas del mercado las 'fuerzas del mal' –porque llevan innatas, inherentes en ellas, la división, la separación, la desigualdad–, benefician a los ricos y a los pocos a expensas de los muchos.

P. ¿Cuánto tiempo pasará hasta que Maitreya acceda a su puesto como regente mundial? ¿Hay alguna fuerza que se oponga a ello?

R. En primer lugar, una corrección. Maitreya no accederá a ningún puesto como 'regente mundial'. Él no viene para gobernar, Él viene sólo para enseñar e inspirar. La humanidad debe aprender a gobernarse ella misma bajo la inspiración de los instructores. El momento exacto de Su emerger en los asuntos mundiales no está escrito ni se sabe con precisión, ni siquiera Maitreya lo sabe. Depende de la respuesta de la humanidad a Sus enseñanzas. A su disposición para cambiar y del derrumbe de las actuales estructuras económicas, que en sí mismas nos harán ver la realidad. Cuando estas cosas estén suficientemente avanzadas Maitreya ha dicho que sin duda alguna dará a conocer Su presencia. Incluso cuando Él hable primero abiertamente por televisión, no utilizará el nombre Maitreya, dando así la oportunidad a la humanidad de responder a Su llamada para el compartir, la justicia y la paz a través de la identificación con Sus ideas, en vez de con Su nombre o posición.

Las fuerzas que se oponen son muchas y tremendamente fuertes. Son las fuerzas ancestrales de la codicia, del egoísmo, y la complacencia. También son las fuerzas infames que durante milenios han esclavizado a la humanidad a esos mismos males. Sin embargo, nunca ha habido un

Instructor, un Avatar, de tantísimo poder. Tal como Maitreya dice: "El final se conoce desde el principio". El éxito de Su misión está asegurado.

P. En el primer libro de Benjamin Creme, *La Reaparición del Cristo y los Maestros de Sabiduría*, él escribió: "el Día de la Declaración… será dentro de alrededor de 18 meses, Mayo 1982." Aquí estamos 22 años después. ¿Cómo puede realizar tales afirmaciones irresponsables?

R. El plan original de la Jerarquía era que Maitreya se revelaría a Sí mismo a final de Mayo de 1982 *si* los medios de comunicación mundiales realizaban un acto simbólico de buscarle e invitarle a presentarse. Para hacer esto posible, se me pidió que organizara una conferencia de prensa, revelara dónde vivía Maitreya, e invitara a los medios de comunicación a realizar este acto simbólico en nombre de la humanidad en general. Yo celebré la conferencia de prensa en Los Angeles el 14 de mayo de 1982. Todos los principales medios de comunicación norteamericanos estuvieron presentes además de la BBC de Londres. Más de 90 representantes de los medios de comunicación me escucharon presentar mi información y revelar que Maitreya vivía en la comunidad asiática de Londres. Les reté a que enviaran periodistas a Londres, realizaran la búsqueda simbólica y Maitreya se les presentaría. Los medios de comunicación, desafortunadamente, no hicieron nada, y Maitreya tuvo que tomar el largo, largo camino del emerger para que el libre albedrío de la humanidad no fuera infringido.

Lo interesante es que una infinidad más de personas son conscientes de la necesidad de cambio en el mundo en las líneas de las ideas de Maitreya, y están más expectantes de ver y trabajar para Él, que en 1982. Las audiencias en mis conferencias son mucho más numerosas que antes. Quizás la humanidad simplemente no estaba preparada para Maitreya en 1982.

P. ¿Es debido a que los medios de comunicación tienen dificultad relacionando nuestra información con los hechos a que no hagan nada? ¿Es una falta de hechos o pruebas o qué?

R. Es un hecho que Nelson Mandela, después de 27 años encarcelado en una prisión, fue liberado de repente y se convirtió en el presidente de la nueva Sudáfrica. Es un hecho y la predicción de ello fue publicada en *Share International* [Septiembre 1988]. Maitreya visitó a Nelson Mandela en su celda y le dijo que escribiera una carta al presidente de Klerk sugiriendo una reunión para debatir el futuro de Sudáfrica. Nelson Mandela se rió y dijo: "No puedo ni siquiera tener una reunión con el director de la prisión por no decir el presidente de la república". Maitreya dijo: "Sí, lo sé. Pero escribe la carta de todos modos. Tú escribes la carta y yo haré el resto". Y Él hizo el resto. Él contactó con el presidente mientras él estaba rezando y puso en su mente que el tiempo había llegado para poner fin al apartheid en Sudáfrica. El presidente estaba rezando, y se lo tomó en serio. Él pensó que era Dios respondiendo a su plegaria. Él era un sincero cristiano. Él habló con Dios, preguntándole qué debía hacer y recibió la respuesta: "Ha llegado el momento de poner fin al apartheid". Y conocemos los resultados.

Estos son hechos, lo veis. Ahora, los medios de comunicación lo creen o no, pero todo el asunto es una historia extraordinaria. Y ellos lo saben. Se trata de personas que invierten todas sus vidas en historias.

Cuando celebré una conferencia de prensa, hablando a un grupo de cerca de cien periodistas, el 14 de mayo de 1982 en Los Angeles, facilité toda la historia y estos periodistas eran muy variados. Algunos eran completamente fundamentalistas a su propia manera. Algunos estuvieron completamente en contra, pero muchos de ellos estaban abiertos. Aplaudieron varias veces sobre la necesidad de compartir y de justicia en el mundo, periodistas escépticos que nunca aplauden a nadie. Ellos aplaudieron mi historia, esta historia sencilla, y al final les hablé de periodistas que iban a Londres y realizaban la acción de buscar a Maitreya, y que Él se les presentaría si lo hacían.

La BBC había realizado una conexión de esta rueda de prensa con un programa que estaba siendo emitido al mismo tiempo. Ellos estaban en el sitio, en Londres, donde yo afirmaba que Maitreya estaba viviendo. Cuando los medios de comunicación norteamericanos preguntaron a la BBC lo que estaban haciendo al respecto, los medios de comunicación británicos contestaron: "Nada". Los norteamericanos dijeron: "Pero, ¿por qué no? Es una historia fantástica". La BBC respondió: "Sabemos que es una historia fantástica pero estamos esperando pruebas más tangibles". Las "pruebas más tangibles" sólo las podrían obtener haciendo lo que les pedí que hicieran: ir a Londres y realizar la acción de buscar a Maitreya en la comunidad asiática.

Si estos periodistas hubieran sido personas influyentes que, habiendo visto a Maitreya, lo hubieran creído, hubieran hablado con sus colegas, diciendo: "Sí, es cierto. La historia es verídica. Yo le he conocido. Él es extraordinario". Maitreya dijo que eso hubiera sido suficiente en 1982. Los medios de comunicación quieren que se les ponga la información en su regazo. Le pusimos la información en su regazo, pero eso no es suficiente. Ellos quieren *ver* a Maitreya y tan pronto como Él asome Su cabeza por encima del muro, ellos actuarán.

Existen muchos periodistas que han conocido a Maitreya en la Conferencia que Él celebró en abril de 1990 en Londres. Había presentes unos 40 periodistas realmente importantes. Ellos lo saben tan bien como yo. No tomarán la responsabilidad de hacer nada al respecto porque sus puestos de trabajo están en juego. Tienen mujeres y responsabilidades familiares. No es fácil.

P. ¿Cómo explica las contradicciones entre los comentarios del Maestro Djwhal Khul en *La Exteriorización de la Jerarquía* y su postura sobre la reaparición anterior a la exteriorización?

"El primer paso es la aparición de ciertos Ashrams, controlados por ciertos Maestros, en el plano físico, evocando reconocimiento general y garantizando al público el hecho de la Jerarquía y la restauración de los Misterios. Más tarde, si estos pasos resultan exitosos, otras y más importantes reapariciones serán posibles, comenzando con el retorno del Cristo." (pag. 599, ed. Inglesa)

R. Yo simplemente doy a conocer mis experiencias como se me ha pedido que haga. Los planes de la Jerarquía son a menudo detallados y exactos pero también fluidos y adaptables a circunstancias cambiantes. La entrada de Maitreya en julio de 1977 fue precedida por la exteriorización de cinco Maestros en Nueva York, Londres, Ginebra, Darjeeling y Tokio en 1975. Estos Maestros no han buscado "evocar reconocimiento general" pero Ellos han trabajado estrechamente con Sus discípulos en esta ciudades y países. Existen ahora 14 Maestros además de Maitreya en el mundo.

P. ¿Cuándo tendrá lugar la primera aparición de Maitreya en televisión? ¿De cero a tres años desde ahora; de tres a siete años, o más de siete años?

R. ¿Qué piensas tú? Quieres que yo haga una profecía sobre ello. No sé si Maitreya conoce la fecha exacta. No es como si Ellos [la Jerarquía] pusiera una fecha y trabajaran para ello. Maitreya ve delante las posibilidades y existen miles de posibilidades. Hay miles de cosas que Él tiene que tener en cuenta para determinar cuándo se aparecerá: cuándo será más favorable, cuándo habrá la menor oposición a niveles cósmicos y también planetarios.

Pero yo diré esto: en casi nada de tiempo –eso significa de nada a tres años. Y en casi nada de tiempo significa más cerca de 'nada' que de 'tres años'. Os sorprenderéis. Os conmocionaréis un día cuando veáis quién ha aparecido en televisión. Preguntaréis: '¿Podría ser el Cristo?' '¿Quién es?' 'El Imán Mahdi?' Pero podéis imaginar, Maitreya hablará primero en Norteamérica, en la televisión norteamericana –y si alguna vez habéis estado en la televisión norteamericana, sabréis que no es algo fácil de hacer dado que Norteamérica está tan condicionada a competir, a mantener lo que tienen, a no cambiar, y a arreglar las cosas para que se amolden a sus necesidades para competir.

No sé si inmediatamente pensarán que Él es el Cristo. Podrían con más probabilidad pensar que él es el anticristo. Ellos no han visto o sentido a Maitreya. Ellos sólo han visto y oído lo que yo he dicho sobre Él. Y a muchos no les gusta para nada. No desean ese tipo de cambio. Incluso no desean aceptar el Protocolo de Kioto para el cambio climático. No desean ninguna acción que detenga el flujo de dólares hacia las grandes empresas norteamericanas. Así que cuando yo hablo, muchos piensan que hablo para el anticristo.

¿Pero quiénes son 'ellos'? 'Ellos' tienden a ser, en su mayoría, los grupos fundamentalistas cristianos, que Maitreya ama, por supuesto. Él a menudo se a aparecido ante ellos, pero ellos no saben que Él es Maitreya. ¡Si supiesen eso sufrirían una conmoción!

Norteamérica está dividida en dos. Hay millones de personas que darán la bienvenida a Maitreya y hay millones que pensarán que Él es el anticristo.

P. (1) ¿Es Maitreya conocido personalmente por la persona que le entrevistará en la primera gran entrevista en Norteamérica? (2) ¿Cree esta persona que Maitreya es el Instructor del Mundo? (3) ¿Simpatiza con su información aunque no se crea la historia en su totalidad?

R. (1) No. (2) Probablemente no. (3) No lo sé.

P. ¿Por qué Maitreya se aparecerá en Estados Unidos en vez de en otros países?

R. Él *se* aparecerá en otros países. Él se aparecerá *primero* en Norteamérica de tal forma que pueda hablar a millones de personas. Luego en Japón. ¿Qué país pensáis que tiene la red de medios de comunicación más grande e influyente del mundo? Si Él se aparece en una gran cadena en Norteamérica, Él podrá ser oído inmediatamente por millones de personas no sólo en EEUU sino, a través de Internet, en todo el mundo. Con el tiempo, después del Día de la Declaración cuando sea conocido y aceptado por la humanidad, Él hará un peregrinaje alrededor del mundo.

P. ¿Por qué Maitreya no se presentó en televisión para evitar la guerra contra Irak?

R. Para los Maestros, el libre albedrío humano es sacrosanto: Ellos nunca infringen nuestro libre albedrío. Maitreya hace un plan y podría haber miles de diferentes aspectos a tener en cuenta al decidir qué y cuándo hacer cierta cosa. Ese plan no se graba en piedra, es maleable, flexible –pero el libre albedrío humano nunca se infringirá.

Iniciar una guerra contra Irak fue una decisión que parecería ya haber sido tomada por el gobierno de EEUU (ninguno más quiere tal guerra) y que Maitreya apareciera abiertamente para 'evitarla' constituiría un infringir de nuestro libre albedrío, por muy equivocada o destructiva que tal agresión pudiera ser. No depende de Maitreya hacer o deshacer nuestras decisiones. Además, cuando Él se presente, no tendrá inmediatamente la influencia que la persona que formula la pregunta parece atribuirle.

La Ley debe obedecerse. Los Maestros son Maestros porque viven según la Ley –la Ley de la Vida, de la evolución. Existen cosas que puedes hacer, debes hacer, y cosas que no debes hacer. Nosotros hacemos cualquier cosa. Infringimos el libre albedrío de los demás –asesinamos, herimos, mutilamos– lo hacemos con palabras y hechos. Esa es la razón de que tengamos problemas, de que tengamos enfermedades, de que suframos.

P. ¿Hubo algo que la Jerarquía pudo hacer para evitar la guerra contra Irak?

R. No, no sin infringir el libre albedrío humano. Existe la posibilidad de impresionar las mentes de líderes gubernamentales pero, desafortunadamente, en este caso, las posibilidades de una respuesta favorable a la impresión no eran muy elevadas.

P. ¿Si no será presentado inicialmente por Su nombre, cómo será presentado Maitreya en televisión en sus primeras entrevistas?

R. Como un hombre normal y corriente, uno de nosotros, pero con ideas, consejos y puntos de vista que nos podrían ayudar si escuchamos. Al principio será más bien comedido y modesto. En televisión Maitreya no estará hablando a una audiencia invitada, tendrá que ser algo discreto para evitar asustar a su audiencia.

P. ¿Cómo le invitará la gente a la televisión? ¿Cuáles serán Sus cartas de presentación?

R. Él tendrá un nombre, pero no será Maitreya. La cuestión es que Él no quiere que las ideas provengan de un Ser tan elevado que las personas se conviertan en devotos. Él no desea devotos, Él no desea seguidores. Él dice: "Si me seguís me perderéis. Si intentáis guardarme en vuestro bolsillo nunca me encontraréis". Los cristianos intentarán ponerle en sus bolsillos. También lo harán los musulmanes, los hindúes, y especialmente los budistas. No es un problema; si Él es invitado para hablar en televisión, Él puede ser invitado en otro canal para hablar a más personas. Es tan sencillo como eso. En el Día de la Declaración Él reconocerá lo que muchas personas sospechan pero podrían dudar de ello, que Él es el Instructor del Mundo. Él será invitado como el señor Tal-y-Tal para hablar de sus ideas. Será comedido al principio. Él no dirá al principio lo que yo voy diciendo, pero Él irá ganando en intensidad cuando las personas a Su alrededor respondan. Si Él diría lo que yo diría, ahuyentaría a las personas. Él no hace distinción entre cristianos fundamentalistas, judíos fundamentalistas, musulmanes fundamentalistas, etcétera y los no fundamentalistas. Él no hace esa distinción. Él tiene miles de seguidores que en algún nivel le han experimentado y le conocen. Es difícil de describir. Él es completamente tolerante, no excluyente.

P. ¿Podría aclarar, una vez más, la 'forma' que Maitreya adoptará en televisión? Por ejemplo, ¿será un hombre entrevistado por alguien como Ted Koppel, por ejemplo (un conocido presentador de televisión norteamericano)?

R. Maitreya no empleará Su nombre, Maitreya, pero será entrevistado como 'uno de nosotros' en una gran cadena de televisión por 'alguien como Ted Koppel', aunque no necesariamente Ted Koppel.

P. Si se le preguntara, admitiría Maitreya que es el Cristo o el Instructor del Mundo?

R. De entrada, no. Emplearía la manera de no contestar directamente, o ni siquiera surgiría esta pregunta. Al final, por supuesto, revelará Su identidad a cada vez más personas. Recuerda que Él ya se ha reunido o aparecido a muchos líderes en todos los campos de los asuntos humanos. Se les alentará a que se presenten y hagan saber su apoyo. Esto inevitablemente estimulará y dará confianza a las masas para que presenten sus voces a las demandas de justicia y paz, y de este modo preparar el camino para el Día de la Declaración.

P. ¿Hay muchos diplomáticos, destacadas personalidades, políticos y periodistas que se animarán a presentarse después de la primera entrevista para confirmar sus experiencias y convicción sobre la identidad del Señor Maitreya?

R. Yo así lo creo, sí. Por supuesto, podrían necesitarse varias entrevistas y algunas reacciones positivas de los medios de comunicación para inspirar a las personas de esos niveles a presentarse. Ha existido una terrible falta de valor hasta este momento.

P. He leído un mensaje de Maitreya en su página web, en el cual Maitreya dice que Él va a venir tan pronto que "sorprenderá realmente". (1) ¿Significa eso que todas las condiciones para Su trabajo público se han cumplido? (2) ¿Se refiere Maitreya a una importante entrevista cuando dice esto?

R. (1) Casi. (2) No necesariamente importante.

P. ¿Cuando Maitreya comience a realizar Sus apariciones en medios de comunicación, aunque Él no dirá quién es al principio, sería recomendable que los colaboradores que reconozcan a Maitreya no le señalen a las personas fuera de la red (incluyendo a familiares y amigos) dado que interferiría con el libre albedrío de un individuo de reconocer a Maitreya por sí mismo?

R. Sí. Varias veces dejé claro a colaboradores que éste debería ser el procedimiento. Es muy importante, especialmente en relación con los medios de comunicación, que el libre albedrío de ellos y de otras personas no se infrinja y que respondan a Maitreya por lo que Él está diciendo como un hombre entre los hombres en vez de como el Cristo o el Instructor del Mundo.

P. Si creemos que hemos reconocido a Maitreya cuando Él esté hablando a los medios de comunicación, pero Él aún no se ha dado a conocer como Maitreya, ¿cómo debemos responder a esto? ¿Cómo debemos actuar en relación con los medios de comunicación?

R. No debemos hacer nada en relación con los medios de comunicación más que dar a conocer que Maitreya y Su Grupo están en el mundo. No es nuestra labor señalarle a los medios de comunicación. Ellos, como toda la humanidad, tienen que reconocerle por ellos mismos. Si la gente cree, correcta o incorrectamente, que Maitreya es el Cristo, el Imán Mahdi, Maitreya Buddha, el Mesías o Kalki Avatar, y aceptan Su consejo por ello, no significa que están preparados para realizar los cambios que han de hacerse para preservar el mundo y a la humanidad con él. Tenemos que reconocer a Maitreya, no porque pensemos que Él es Maitreya, o el Cristo o el Mesías, o quién sea, sino porque estamos de acuerdo con lo que Él está diciendo, que deseamos para el mundo lo que Él dice es necesario para el mundo: justicia y compartir y libertad para todas las personas, en vez de porque pensamos que Él es el Instructor del Mundo o algún gran instructor espiritual.

P. ¿Maitreya se verá físicamente como Él mismo, es decir, como Él es realmente, cuando tenga lugar Su primera entrevista, o estará con un 'disfraz' diferente, como habitualmente lo hace cuando se aparece a personas?

R. Cuando Él se aparece a personas normalmente utiliza un 'familiar', una persona creada a través de la cual una parte de Su conciencia se manifiesta. Pero cuando Él se aparezca abiertamente ante el mundo, aunque no utilizando el nombre Maitreya, Él se aparecerá como de hecho es, en el cuerpo autocreado en el cual Él ahora se manifiesta en el mundo.

P. (1) ¿Maitreya tendrá la apariencia que tenía en Nairobi cuando haga su primera aparición televisiva? (2) ¿Cómo será la del Día de la Declaración?

R. (1) No. (2) No.

P. Cuando veamos a Maitreya en televisión, su Maestro ha dicho que experimentaremos Su rayo o energía. ¿Será eso como un anticipo del Día de la Declaración teniendo lugar una bendición?

R. Será una experiencia espiritual, pero siempre al nivel de la persona. Las personas sólo pueden asimilar lo que pueden asimilar, sólo pueden ser lo que son. Algunas personas inmediatamente percibirán y reconocerán a Maitreya como el gigante espiritual que Él es. Otros responderán más a lo que Él diga, satisfará su sentido de justicia y propósito. Pero ese influjo espiritual siempre tendrá lugar. Dudo que sea tan potente como en el Día de la Declaración.

P. Se cita a Maitreya diciendo que "cuando este principio (a saber compartir) sea aceptado, Yo me declararé". Eso es muy diferente de sus propias predicciones sobre la entrevista en televisión y la caída de las bolsas pendiente, etc. ¿Así quién está en lo correcto, usted o Maitreya?

R. Por supuesto, Maitreya está en lo correcto, al igual que lo estoy yo. Su declaración de Quién y Qué es Él no tendrá lugar hasta que la humanidad haya aceptado el principio de compartir. Esto conducirá a Su aparición ante todo el mundo en el Día de la Declaración. Las entrevistas en televisión y la caída de la bolsa precederán a ese día.

P. (1) Es Maitreya consciente, todo el tiempo, de los pensamientos de todos? (2) ¿Es Él consciente cuando pensamos en Él? Por ejemplo, cuando tenemos nuestros ejemplares de Share International y leemos sobre Él, ¿algún fragmento de Su atención es atraída hacia allí? (3) ¿Podría Él elegir cualquier instrumento musical y tocar la pieza más complicada? (4) ¿Podría pintar una obra maestra? O (5) ¿Escribir una obra mejor que las de Shakespeare? (6) ¿Podría cantar como Elvis?

R. (1) Sí. (2) Sí. (3) Sí. (4) Sí. (5) Sí. (6) ¡No!

P. ¿Cuán lejos llega a irradiar el aura de Maitreya desde el sitio donde reside en Londres?

R. Abarca el mundo entero.

P. (1) ¿Cuán receptiva es la humanidad actualmente a las ideas de Maitreya, desde el punto de vista de la Jerarquía? (2) ¿El creciente temor y tensión cierra psicológicamente a las personas a Sus prioridades?

R. (1) Veinticinco por ciento son muy receptivos; 40 por ciento son bastante receptivos; 35 por ciento no son receptivos. (2) No, lo opuesto. El temor conduce a las personas a actuar histéricamente –como en EEUU actualmente– o a buscar respuestas a los problemas.

P. (1) ¿Continúa Maitreya reuniéndose con políticos y periodistas? (2) ¿Le formula preguntas el visitante? (3) ¿Saben de quién se trata? (4) ¿Le relacionan con su trabajo e información?

R. (1) Políticos, sí. Periodistas, no. (2) Sí. (3) En general, no. (4) Unos pocos lo hacen.

P. Estoy confuso sobre la reaparición de Maitreya. Puedo comprender que las leyes kármicas son un factor a tener en cuenta aquí al igual que no infringir el libre albedrío. Sólo me preocupa a veces que los agentes de las fuerzas de la 'luz' hagan caso a estas cosas. Tenemos muchas personas perturbadas dispuestas a volarse (junto a muchos más) supuestamente en nombre de Dios. Ellos no parecen tener problema (o conciencia) del karma, libre albedrío, etc. Si llevaran a cabo algunos actos terroristas de envergadura (nuclear, químico o biológico), no parece probable que el planeta, o la raza humana, perdure hasta la reaparición. ¿Cómo es que eso es kármicamente correcto?

R. Por supuesto, es precisamente por eso que este momento es uno de tal inmensa tensión y crisis. No obstante, Maitreya y los Maestros deben obedecer la ley kármica –incluso si nosotros no lo hacemos. Debemos confiar en que Maitreya sabe exactamente cuándo –y cuándo no– intervenir, y todavía permanecer dentro de la ley kármica.

P. ¿No cree que lo más importante no es si Maitreya se aparecerá o no, sino que todos actuemos desde el corazón, perfeccionando nuestro amor y expresando lo que nuestro amor dice? ¿No se trata del único camino hacia la realización del Ser?

R. Con todo el respeto, eso suena muy bonito, ¿pero es una realidad? ¿Es este enfoque la norma en todo el mundo? ¿Si lo fuera, entonces por qué tenemos tantos problemas graves: pobreza y hambruna en medio de la abundancia; guerras y amenazas de guerras; colapso medioambiental; crimen y drogadicción a gran escala; terrorismo mundial que se hace cada vez más sofisticado –la lista es interminable? Es obvio que el mundo, en general, no actúa desde el corazón o expresa amor perfecto.

Quizás el que formula la pregunta es una excepción. Quizás él o ella no necesita practicar el sendero del corazón y del amor en acción. Quizás incluso es ahora un Maestro, sin la necesidad de Maitreya y Sus enseñanzas. Para el resto de nosotros, no obstante, la ayuda y consejo de Maitreya y Su grupo es esencial si queremos sobrevivir. Él es nuestra cuerda de salvamento hacia el futuro.

P. ¿Habrá alguna sensación física, el Día de la Declaración, cuando Maitreya nos adumbre?

R. Él ha dicho que cuando Su energía, esto es, el Principio Crístico, afluya, será como si Él abrazará al mundo entero. La gente lo sentirá, incluso físicamente. A medida que la energía del Principio Crístico fluya a través de los cuatro niveles del cuerpo etérico hasta el plano más bajo, que está justo por encima del gas físico, se sentirá en el cuerpo físico como una vibración resonante. Si eres de alguna manera consciente del cuerpo etérico, experimentarás esto como una sensación física muy poderosa. Si no, probablemente lo sentirás como una presión en la coronilla durante el adumbramiento. Entonces oirás Sus palabras interiormente en tu propia lengua.

P. Se dice en *La Biblia* que Cristo retornará en un "resplandor de Gloria". ¿Dónde estuvo el resplandor de gloria de Maitreya que todos nosotros pudiéramos ver y reconocer?

R. Este "resplandor de Gloria" es, por supuesto, un término simbólico de Su estatura espiritual reconocida por todos. Esto tendrá lugar el Día de la Declaración, cuando El adumbre a toda la humanidad.

P. ¿Cómo sabremos cuándo debemos encender el televisor para el Día de la Declaración?

R. Seremos informados con antelación por los medios de comunicación. En todos los diferentes países los medios de comunicación dirán que han invitado a Maitreya a hablar al mundo entero. Conocéis al Hombre, al que habéis estado viendo, y Él hablará al mundo entero simultáneamente. Conectarán todas las cadenas por satélite, que en realidad están allí para este suceso – no para que podamos ver la Copa del Mundo, por muy emocionante que sea. Es así que por primera vez en la historia de la humanidad el Instructor del Mundo puede venir y hablar directamente a toda la humanidad.

P. ¿Qué sucederá con las personas que no tengan televisor?

R. Le escucharán en sus mentes – es una comunicación telepática. No necesitas mirar la televisión, pero entonces no verás Su rostro. Podrías estar bajo un coche, arreglándolo, pero escucharías Sus palabras; ¡deja esa llave inglesa y escucha!

P. En el Día de la Declaración, ¿aparecerá el rostro del Instructor (Maitreya) en forma diferente para los televidentes (de acuerdo a las distintas razas o culturas) o será el mismo hombre para todo el mundo?

R. Aparecerá como el mismo hombre para todos.

P. ¿Pueden los niños experimentar la Bendición en el Día de la Declaración?

R. En el Día de la Declaración, todas las personas mayores de 14 años escucharán las palabras de Maitreya en sus mentes en su propio idioma. No es una cuestión de que los niños jóvenes no puedan experimentar Su Bendición, por el contrario, sino que es más una cuestión de si sus mentes pueden asimilar y relacionarse con Su mensaje.

Hasta los 14 años, hay muy poco o ningún foco mental en el niño común, de modo que por debajo de esa edad el niño no comprendería lo que estaba oyendo. Pero, por supuesto, a cualquier edad, cada uno entenderá (o no) de acuerdo a su desarrollo. Maitreya conoce exactamente el punto de evolución de cualquier niño y el estado de sus chakras, lo que puede absorber, lo que sería seguro. Se tendrá en cuenta el estado de salud, la edad, y así sucesivamente de todo el mundo. Este es el milagro del omnipresente adumbramiento.

P. ¿Qué criterio se empleará para determinar quién será sanado o curado en el Día de la Declaración?

R. Karma y fe. Aquellos cuyo karma lo permita, y cuya fe les abra a la energía del Principio Crístico mientras fluye de Maitreya, serán curados.

P. ¿Cómo es posible para el Cristo contactar con nosotros telepáticamente (en el Día de la Declaración) cuando la mayoría de nosotros estamos inquietos y tenemos micrófonos mentales 'estropeados'? ¿No es esta dolencia crónica sólo curada por medio de una meditación regular y profunda?

R. Sí, estoy de acuerdo en que la mayoría de nosotros no tenemos el foco mental interno o aura magnética que hace posible la telepatía consciente, pero el Día de la Declaración debe verse como un acontecimiento y situación únicos para Maitreya. Para Él no hay separación. Él es omnisciente y omnipresente. Él adumbrará las mentes de la humanidad de tal modo que nos hará abrirnos –temporalmente– a Su mensaje.

P. ¿Después del Día de la Declaración serán todos conscientes del hecho de la presencia de Maitreya y de Su grupo, los Maestros de Sabiduría?

R. No puedo hablar por todos, pero la inmensa mayoría de la humanidad habrá escuchado Sus palabras telepáticamente en el Día de la Declaración, y parece obvio que el tiempo y recursos de los medios de comunicación desde ese momento en adelante estarán dedicados a dar a conocer el consejo y prioridades de Maitreya. Uno debe recordar que no habrá grabación del mensaje telepático que Maitreya dará y sin duda habrá omisión y distorsión de Su significado. Pero Maitreya será capaz de clarificar de la manera habitual, en siguientes entrevistas, el significado exacto de Sus palabras.

P. Cuando Maitreya haya emergido abiertamente, ¿continuarán Él y otros Maestros apareciendo a personas, como se informa en 'cartas el editor' en la revista Share International?

R. Según sea necesario, sí.

P. ¿Después de que Maitreya se anuncie oficialmente al mundo en el Día de la Declaración, cuánto tiempo pasará hasta que Él presente a los Maestros al mundo?

R. Maitreya probablemente introduzca la idea de los Maestros como Discípulos Suyos durante el adumbramiento en el Día de la Declaración. La introducción de al menos alguno de los Maestros tendrá lugar poco después.

P. ¿Se dará también a conocer el Maestro Jesús al mundo?

R. En el Día de la Declaración Maitreya introducirá, no a los Maestros mismos, sino el hecho de Su presencia. Más adelante, los Maestros se presentarán uno a uno y se darán a conocer. El Maestro Jesús será uno de los primeros en presentarse.

P. ¿Usted piensa que la mayoría de cristianos reconocerá y aceptará al Maestro Jesús, disipando así su temor de que Maitreya es el anticristo?

R. La respuesta corta a esta pregunta es sí, lo creo. Jesús es probablemente el más conocido de todos los Maestros y millones de personas probablemente Le seguirán en primer lugar, quizás indefinidamente. Esto está bien porque los propósitos de Maitreya y del Maestro Jesús son los mismos.

P. ¿Continuarán los cristianos siguiendo y adorando al Maestro Jesús en vez de Maitreya?

R. Muchos cristianos podrían, después del Día de la Declaración, seguir al Maestro Jesús porque conocen Su nombre, quizás vean al Maestro Jesús como el Cristo y a Maitreya como Su lugarteniente. Realmente no tiene importancia. ¡Y dudo que Maitreya se sienta disgustado!

P. Cuando Maitreya se presente ante el mundo, ¿cómo piensa que reaccionarán las personas?

R. Bueno, depende de quiénes son. Depende de su trasfondo religioso. Depende, pienso, si son piscianos o acuarianos en su pensamiento. El mundo está dividido en dos: aquellos que compiten y aquellos que cooperan. Él aboga por la cooperación, pero aquellos que no pueden vivir sin competir, aquellos con conciencia pisciana, tenderán a rechazar la idea de compartir y de justicia en el mundo como una condición para la paz. Eso no significa que deseen la guerra pero ciertamente no desean la paz si eso significa renunciar a algo. No ven que no puedes tener para siempre una sociedad justa si en algunas zonas del mundo existe justo lo contrario. El mundo es uno, y cuanto antes las personas lo comprendan, antes tendremos un mundo decente donde vivir.

Depende de quién se trata. Si padeces hambruna, si tienes hambre – Él habla de alimentar a los hambrientos, de compartir los recursos del mundo– ¿vas a seguirle o no? Por supuesto que lo harás. Podría ser que los desposeídos del mundo, que constituyen dos tercios de la población mundial, sean los primeros en reunirse a Su alrededor. Crearán una gran opinión pública mundial. Esa opinión pública galvanizada, educada, energetizada y correctamente conducida será una fuerza a la que ninguna nación podrá resistirse. No pasará mucho tiempo hasta que el mundo sea realmente uno, hasta que comencemos a crear instituciones que delinearán la forma de la nueva sociedad.

P. ¿Cómo responderán los líderes al discurso de Maitreya en el Día de la Declaración?

R. Depende de quiénes sean. ¿Quién responderá a Maitreya? Más importante que los líderes del mundo es la población mundial, los hombres y mujeres de buena voluntad, en cada país sin excepción. Los líderes hacen lo que tienen que hacer para mantener al pueblo tranquilo. Si las personas de todas partes se levantaran y exigieran justicia, paz y compartir, los líderes deberán responder; y en Francia, Gran Bretaña, Alemania, Japón, EEUU, los líderes deberán responder o pegarles un tiro –una cosa o la otra.

Existen personas en puestos elevados, en los servicios diplomáticos, en gobiernos, en la industria, en el mundo financiero, en grupos religiosos, que saben que Maitreya está en el mundo. Ellos le han visto, han asistido a una conferencia donde Él se apareció (y desapareció), y les habló. Ellos saben quién es Él y simplemente están esperando ver Su cabeza "por encima del horizonte", y entonces ellos hablarán. Y la gente *les* seguirá. Los actuales líderes no tienen que enseñar el camino –su tiempo es provisional. Principalmente conforman un grupo de personas del pasado y serán relegadas al pasado.

¿Cómo trabajan Maitreya y los Maestros?

"Cuando llegue el Día de la Declaración, sabréis que ese Hermano ya os ha enseñado más de una vez, os ha mostrado el camino hacia Dios y os ha transmitido las Enseñanzas de la Verdad de Dios. Amigos Míos, ha llegado el momento de ampliar esa Verdad, mostraros que conocer a Dios es un acto creativo, conocer a Dios es entrar en la Deidad Misma. Sólo así podemos conocer la verdad de nuestra existencia. En este tiempo venidero, ese conocimiento será vuestro." (Maitreya, del Mensaje Nº 112)

P. ¿Cómo trabajará Maitreya de forma práctica en relación con la humanidad cuando sea aceptado abiertamente? ¿En qué medida él dirigirá las cosas o sólo responderá con el consejo?

R. Maitreya está aquí para aconsejar, guiar y enseñar. Él no está aquí para dirigir nuestras acciones y no lo hará. Él es un instructor. Los Maestros, Sus discípulos más próximos, estarán disponibles con Su conocimiento superior y experiencia para ayudar y aconsejar, como también lo estará Maitreya. Pero tenemos que desear lo que tenemos que hacer. Maitreya delineará la dirección general clara de nuestro pensamiento. Es decir: un sentido de la unidad de la humanidad; la necesidad absoluta de compartir los recursos del mundo; y el fin de la guerra y el terrorismo como una forma de resolver los problemas internacionales. Cuando mostremos que comprendemos esto, se nos proporcionará tanta ayuda y consejo como el que podamos utilizar. Pero tenemos que desear los cambios por nosotros mismos; dispuestamente, gustosamente realizar estos cambios. Maitreya ha dicho: "Yo soy el Arquitecto, sólo, del Plan. Vosotros, amigos y hermanos Míos, sois los dispuestos constructores del Resplandeciente Templo de la Verdad". El templo de la verdad es la nueva civilización.

P. ¿Cuál piensa Maitreya que es el problema más urgente en el mundo actualmente?

R. La acción más importante con la cual se preocupa Maitreya es la salvación de millones de personas que actualmente mueren de inanición en un mundo de abundancia. Él dice que nada le aflige tanto como esta vergüenza: "El crimen de la separación debe ser arrojado de este mundo. Yo afirmo eso como Mi propósito". Así que el primer objetivo de Maitreya es mostrar a la humanidad que somos uno y lo mismo: vivamos donde vivamos, cualquiera que sea el color, trasfondo o creencia religiosa que tengamos, las necesidades de todos son las mismas.

Igual de importante y también de urgente es la salvación de nuestro planeta de la destrucción a la cual se encamina debido a nuestro abuso de los recursos del planeta. Los gobiernos ahora se están haciendo cada vez más conscientes, después de muchos años de información de científicos, de que el calentamiento global es una realidad. El calentamiento global es ahora comprendido hasta cierto grado, pero la responsabilidad del hombre por ello aún no ha sido comprendido por todas las autoridades nacionales. Ésta es una de las realizaciones más importantes que tenemos que hacer, de que el hombre es responsable de al menos el 80 por ciento del calentamiento del planeta, y si esto continúa afectará dramáticamente nuestra vida cotidiana. Sólo Maitreya y los Maestros tienen el conocimiento exacto de cómo proceder pero nosotros ya conocemos los primeros pasos para dar (la necesidad de restringir las emisiones de carbono, etcétera) pero la urgencia de acción probablemente no es totalmente comprendida por los gobiernos. Maitreya enfatizará cuán realmente urgente es esta acción. La destrucción de árboles en el planeta –por ejemplo, una zona de tamaño de Bélgica de bosque primario se destruye cada año en Centroamérica y Sudamérica– tiene un profundo efecto en el oxígeno esencial del mundo.

La necesidad de compartir los recursos del planeta es la acción número uno que resaltará Maitreya. Esto creará la confianza que abrirá el camino para la solución de todos los demás problemas, nacionales e internacionales.

P. ¿Al igual que usted ha dicho que existe un plan detallado para salvar a millones de personas de morir de hambre –primero, ayuda de emergencia y luego un nuevo sistema de distribución a través de la ONU– cuáles deberían ser los pasos que deberíamos dar para comenzar el proceso de restauración de nuestro planeta? ¿Habrá primero un plan de acción de emergencia equivalente, y si es así, qué deberíamos hacer?

R. Las prioridades inmediatas son abordar la contaminación y el calentamiento global. Lo peor y más peligrosa contaminación proviene de nuestras centrales nucleares y de la industria nuclear en general. Esto debe terminarse lo antes posible.

La contaminación, especialmente la radiación nuclear, según los Maestros, ya es el asesino número uno del mundo. Disminuye tanto la actividad del sistema inmune que las personas sucumben a muchas enfermedades como la neumonía, la gripe, el SIDA, el virus VIH, etc. El mismo aire que respiramos, el agua, la tierra, están totalmente contaminados y estamos destruyendo al mismísimo planeta que necesitamos para nuestra continuada existencia y la de nuestros hijos. Uno de los varios e importantes sucesos que tendrán lugar después del Día de la Declaración será que la humanidad prestará mucha atención a limpiar el medio ambiente y hacer que esta tierra sea viable otra vez. Cada ser humano, tenga la edad que tenga, se verá implicado en este proceso. Tan pronto como se satisfagan las necesidades de los millones de personas que mueren de hambre, tan pronto como el proceso de compartir ya esté en marcha, entonces la atención debe dirigirse al apoyo de nuestros ecosistemas, de lo contrario no habrá planeta.

Maitreya mismo ha dicho que salvar el medio ambiente debe convertirse en la primera prioridad para todas las personas, jóvenes y ancianas. El efecto del calentamiento global en los casquetes de hielo, por ejemplo, es ahora evidente para todos. Un inmenso programa de reforestación espera nuestra atención. Esto, por supuesto, llevará tiempo de lograr, pero ahora podemos empezar.

P. Dado que el calentamiento global no se detendrá inmediatamente incluso si el suministro para 200 años de las arenas asfálticas en Canadá (cifras dadas por la BBC News) y los suministros aún mayores de carbón nunca se utilizasen, ¿deberíamos prever un derretimiento del hielo polar en los próximos siglos que convertirá en inhabitables muchas zonas costeras?

R. Se tomarán medidas para reducir ese riesgo.

P. ¿Podría explicar por qué, si el calentamiento global es un gran problema, Maitreya ha "acercado a la Tierra un poco al Sol"? ¿Eso no agrava el calentamiento, y si es así podríamos asumir que cualquier cambio climático que tenga lugar al final no resultará más perjudicial que si Maitreya no hubiese realizado esta acción más bien extraña?

R. Veinte por ciento del calentamiento global está causado por el leve acercamiento de la Tierra al Sol. Ochenta por ciento está causado por nuestro uso incorrecto de los recursos y las emisiones de gas. ¿Por qué

Maitreya hizo esto? Uno tiene que asumir que está hecho según la Ley y para beneficio de la humanidad. Hará que grandes zonas del norte de Europa, Asia, Canadá y Rusia, ahora cubiertas por el hielo durante la mayoría de meses del año, sean extraordinariamente fértiles para cultivar alimentos. También refuerza la necesidad de acción por nuestra parte para limitar el calentamiento global.

P. En el ejemplar de junio de 2003 de Share International, en la sección de las enseñanzas de Maitreya, se puede leer: "Disfruta del tiempo templado, de la primavera temprana y el florecer de la vida alrededor tuyo. No tiene nada que ver con los agujeros en la capa de ozono o el 'efecto invernadero'. Lo que ha ocurrido es que el ritmo de rotación de la tierra se ha reducido y la tierra se ha acercado al sol. Esto es así para que haya más vegetación con la que alimentar al mundo." Si el 'efecto invernadero' y el calentamiento global en particular son considerados como graves problemas globales, ¿por qué esta cita de las enseñanzas de Maitreya implica que el calentamiento global es un suceso positivo?

R. Es una cuestión de grado. La reducción en la rotación de la Tierra está controlada y bajo la ley –los efectos son predecibles y dentro de límites. El 'efecto invernadero' y el calentamiento global, el resultado de la contaminación, por el contrario, están fuera de control (exceptuando el cese de la contaminación) y representan amenazas medioambientales que son, hasta cierto punto, impredecibles e irreversibles. [Las enseñanzas de Maitreya publicadas en la revista *Share International* están recopiladas en el libro *Las Enseñanzas de Maitreya: Las Leyes de la Vida*.]

P. Conocí la historia de Maitreya a principios de la década de 1980 a través de un anuncio de un periódico titulado 'No habrá una Tercera Guerra Mundial'. Nunca he dudado de la presencia de Maitreya y de su eventual emerger, y he participado en las manifestaciones contra la guerra, pero ahora me pregunto si esa afirmación del periódico fue quizás demasiado optimista.

R. Es verdad que muchas personas aún temen una tercera guerra mundial, y la reciente invasión de Irak, unilateral y preventiva, por Norteamérica y Gran Bretaña, ha elevado inconmensurablemente la tensión mundial. Las ambiciones a largo plazo de EEUU expresadas abiertamente por sus líderes más 'intransigentes' no ayudan a construir unas relaciones armoniosas y cooperantes. No obstante, a pesar de estos problemas reales, la Jerarquía no tiene dudas de que al final inspirará la justicia y por tanto la paz.

Maitreya, podéis estar seguros, no ha venido al mundo para observar su destrucción. La paz, ahora, no es una opción sino una absoluta necesidad para la supervivencia de la humanidad. Siendo esto así, Maitreya, podéis estar seguros, utilizará todos Sus muchos medios para asegurar que Su plan tiene éxito.

P. Usted ha dicho que una de las prioridades de Maitreya sería encontrar soluciones al conflicto en Oriente Medio, y que no se resolvería hasta que Él se haya realmente presentado. ¿Es eso debido a que los diferentes pueblos involucrados en Oriente Medio (musulmanes, judíos, cristianos), responderán a Él como su Instructor del Mundo, y reconocerán que Él ha venido para todos ellos, y que su separatismo comenzará a cambiar desde esa respuesta?

R. El problema palestino/israelí que es central para los problemas de Oriente Medio, creo que sólo se resolverá a través de la acción de Maitreya. Pero Maitreya ni siquiera puede *imponer* una solución, Él sólo puede aconsejar. Pero Su aceptación por incontables millones de personas en el mundo como un instructor espiritual y guía facilitará a los más fanáticos judíos israelíes o musulmanes palestinos aceptar la necesidad de vivir juntos uno al lado del otro. Esto sólo puede tener lugar cuando se haga justicia con los palestinos. Cuando se haga justicia, y se considere hecha, total y completamente, entonces la solución será aceptable por los musulmanes, e, incluso a regañadientes, por los israelíes. Tienen que finalmente aprender a vivir unos al lado de los otros y sólo podrán hacerlo en un estado de justicia. De otra manera habrá inevitablemente una guerra perpetua entre ambos.

A menos que se resuelvan los problemas de Oriente Medio nunca habrá paz en el mundo y sabemos, que si no hay paz, entonces el futuro de la humanidad será realmente muy desolador. Los musulmanes esperan al Imán Mahdi, y los judíos esperan al Mesías, y muchos estarán dispuestos a reconocer a Maitreya como tal. Esto, estoy seguro, suavizará su postura en relación al otro.

Pero lo importante es que se haga justicia con los palestinos. Cisjordania fue obsequiada por el fallecido Rey Hussein de Jordania como tierra natal para los palestinos y eso significa toda Cisjordania, no la fracción que fue ofrecida a los palestinos hasta ahora. Requiere el regreso de los 4,7 millones de refugiados, principalmente del Líbano, a su tierra natal, y que el estatus de Jerusalén, que es de gran importancia para los musulmanes, judíos y cristianos, se cambie a una ciudad abierta y central para los tres grupos. Creo que se necesitará a Maitreya para lograr esta reconciliación, pero así será.

P. ¿Existe algún marco de tiempo para ello?

R. Bueno, nosotros creamos el marco de tiempo. Es una cuestión de la voluntad del pueblo de la zona: ellos crean el marco de tiempo. Si desean realizar los cambios, aceptar la resolución del conflicto y hacer posible una paz justa, puede ser muy rápido. Depende de la resistencia de los grupos fanáticos de ambos bandos. Pero cuando todo el mundo esté cambiando descubriréis que estas pequeñas zonas, por muy importantes que puedan ser, encontrarán cada vez más dificultad resistirse a los cambios que provocarán soluciones pacíficas.

Esencialmente todos desean un mundo pacífico. Sólo belicistas locos desean la guerra, que es buena para los negocios y produce grandes beneficios para ciertos grupos. Pero cuando la humanidad en su conjunto vea la necesidad absoluta de la paz, entonces podrá lograrse el fin de la guerra misma. Ésta es la labor de Maitreya, enseñar a la humanidad estos hechos. Es una cuestión de dar a conocer lo que las personas saben: yo lo sé, tú lo sabes, todos conocen la necesidad de la paz, pero aún tenemos guerras. Se debe a que las personas piensan que con el uso de la guerra en cierta medida, pueden restablecer el equilibrio a su manera. Pero cuando el mundo en su conjunto vaya en cierta dirección, entonces descubriréis que las pequeñas facciones seguirán el ejemplo.

P. ¿Reunirán los Maestros a las diferentes religiones y, si es así, cómo?

R. Maitreya no viene como un instructor religioso sino como un instructor *espiritual*. Todos los aspectos de la vida son fundamentalmente espirituales –todo lo que nos beneficia, lo que nos conduce a niveles superiores, es, de hecho, espiritual. El objetivo de la Jerarquía no es la unificación de todas las religiones. Estas continuarán, aunque limpiadas y purificadas por la presencia de los Maestros y la mejora de la comprensión humana. Poco a poco emergerá, no exactamente una nueva religión, sino un nuevo enfoque hacia la Divinidad a través de la invocación en lugar de la adoración, que involucrará, no la creencia, sino la conciencia despierta y experiencia de lo Divino.

P. En su libro *El Gran Acercamiento* se le pregunta si el Maestro que fue el Profeta Mahoma es ahora responsable de la religión islámica.

Usted contestó "No". Pero recuerdo que usted dijo que Mahoma haría lo mismo con el Islam (i.e. liberarla de los dogmas humanos, etc.) que lo que Jesús haría con el Cristianismo.

R. El Profeta Mahoma tiene responsabilidad por el Islam pero no es uno de los Maestros que se exteriorizarán en el tiempo venidero. El trabajo de purificación del Islam (en línea con la purificación del cristianismo realizada por el Maestro Jesús) será llevada a cabo por tanto por un iniciado escogido por el Maestro que fue Mahoma.

P. Si su Maestro o el Cristo pudieran hoy dirigirse al Consejo de Seguridad de Naciones Unidas y a los líderes mundiales, ¿qué aconsejarían para poder cimentar un acercamiento real y permanente en Oriente Medio, y con el mundo musulmán en general?

R. La creación de justicia y libertad a través del compartir de los recursos esenciales en todo el mundo. Compartir es inevitable, y cuanto antes se comprenda y ponga en práctica, antes se logrará la paz y seguridad para todos. Esto es cierto para Oriente Medio y para el mundo en general.

P. ¿Está Maitreya enviando formas mentales para que respondamos a ellas?

R. La Jerarquía está enviando formas mentales todo el tiempo – la región mental del mundo está saturada de formas mentales, muchas de ellas sin valor, creadas por la humanidad; pero algunas son grandes ideas con las que las mentes sensitivas de la raza armonizan. De repente, por todo el mundo, un grupo de científicos, por ejemplo, tienen la misma idea, que fue puesta allí por un Maestro, o incluso por Maitreya. Los Maestros ven la necesidad de que se dé un cierto paso hacia delante, que cierta tecnología, por ejemplo, sea descubierta. Ellos son los inspiradores, las 'musas' del mundo. Detrás de todos los grandes instructores, científicos, pintores y artistas de todo tipo ha estado la Jerarquía, a través de los siglos.

Rembrandt es Rembrandt porque era un iniciado de tercer grado, inspirado por su Maestro; lo mismo ocurre con Ticiano y Mozart. Leonardo era un iniciado de 4.4, prácticamente un Maestro. Toda la cultura del mundo ha sido creada por los iniciados del mundo, enviados para estimular a la humanidad en la expansión gradual de la conciencia que es la evolución.

P. ¿Comunicarse con los Maestros: es algo que cualquier persona puede aprender a hacer?

R. La telepatía es un atributo natural de la humanidad. Toda persona es telepática, pero generalmente no está entrenada. En personas que están muy unidas, marido y mujer, amantes, o madre e hijos, en estos casos la telepatía sencillamente sucede. No es algo en que dependan o piensen. La telepatía como la utilizan los Maestros y aquellos discípulos que pueden responder es un control deliberado y consciente de una facultad mental que todos poseemos en potencia pero que generalmente no está desarrollada. Puede ser aumentada por los Maestros, pero los Maestros no lo hacen simplemente por diversión, o para darse a sí mismos algo que hacer, Ellos sólo lo hacen por una razón –porque están entrenando a alguien que tiene una labor específica que hacer, para ser capaces de comunicarse rápida y fácilmente con ellos sin tener que pasar por los gestos de aparecerse ante ellos, que consumen mucha más energía que un destello de pensamiento. El pensamiento está en todas partes. Los planos de la mente están abiertos a todos, todos los pensamientos viajan en los planos mentales. Cuando el pensamiento está dirigido y controlado como entre un Maestro y un alumno, uno tiene comunicación instantánea. A veces, los Maestros se aparecen a aquellos discípulos que todavía no han desarrollado la posibilidad del contacto telepático. Cuando, a través de los procesos naturales de la evolución, el aura del discípulo se vuelve magnética, la telepatía se establece como resultado de ello. No es algo que aprendemos a hacer. Con la práctica se vuelve más 'fluida' y utilizable. Sin embargo, los Maestros no trabajan en los planos astrales. Por tanto no es posible ser contactado por un Maestro de ninguna forma consciente hasta que uno haya alcanzado la polarización mental, más que la astral. La polarización mental comienza alrededor de medio camino entre la primera y la segunda iniciación.

P. Cuando una persona está recibiendo mensajes de un Maestro, ¿el Maestro les ha escogido para ese propósito?

R. Sí. Ellos no hacen nada simplemente al azar. Todo lo que los Maestros hacen tiene una razón detrás. Ellos disponen de inmensas energías pero son 'avaros' con la energía, Ellos no gastan ni un gramo de energía –Su energía y la energía en general.

P. ¿Las capacidades telepáticas dependen del alumno?

R. Por supuesto, sí. Si los Maestros desean contactar con un discípulo al que se puede contactar telepáticamente, Ellos utilizarán la telepatía. Si no hay razón para utilizarla, Ellos no la utilizan. Los Maestros, por supuesto, tienen un control mental total y utilizan exclusivamente la telepatía entre Ellos.

P. En el 'Apocalipsis' de la Biblia existen señales que mostrarán a los cristianos el regreso de Jesucristo, las naciones se levantarán contra naciones, hambrunas, terremotos, penurias en el mundo como nunca antes. No obstante, no debemos temer porque estas cosas tienen que ocurrir. Y deberíamos alegrarnos porque indican que nuestra liberación está cercana. ¿Por qué Maitreya no cita ninguno de estos u otros versículos? Sí, usted enseña amor a nuestro prójimo, ¿pero qué hay de las señales del fin del mundo como lo predijo la Biblia?

R. Sí, estoy de acuerdo, existen muchas referencias escritas en la Biblia cristiana a este 'fin de los tiempos' en el que vivimos, y a menudo yo las cito en debates. Pero necesitan una interpretación cuidadosa y precisa, que, naturalmente, yo la doy. A menudo son simbólicas y no para tomarse de forma literal. Por ejemplo, y muy especialmente, no se refieren al fin del mundo sino al fin de la era –la Era de Piscis– que es una realidad astronómica que estamos experimentando actualmente. Es este hecho el que trae a la vida pública abierta no sólo al Maestro Jesús sino también al Cristo, Maitreya, que se manifestó a través de Su discípulo Jesús, durante tres años como lo relatan las escrituras cristianas.

P. Un poco antes de su muerte en 1982, Swami Muktananda dijo a un grupo de devotos que llegaría el día en el que Norteamérica arrasaría a las naciones de Oriente Medio, pero que después de eso aparecería un gran Instructor en el mundo, y que las flores surgirían a su paso en la devastación. (1) ¿Es esto lo que estamos presenciando ahora en Oriente Medio, a través de las acciones directas de Estados Unidos al invadir Irak, a través de su política exterior, y por poderes, a través de su apoyo a Israel? (2) ¿Está el momento del emerger pleno de Maitreya relacionado con los actuales acontecimientos en Oriente Medio? (3) ¿Se puede considerar precisa esta predicción de Swami Muktananda?

R. (1) Sí. (2) No. (3) Sí, más o menos.

P. ¿Son los pobres una parte importante de lo que denominamos 'el cuerpo de Cristo'? ¿Podría por favor hablar más sobre la realidad de este símbolo?

R. Dado que los pobres son para Maitreya probablemente la parte más importante del 'cuerpo de Cristo', entonces la respuesta es sí.

El 'cuerpo de Cristo' significa aquellos en los cuales el Principio Crístico se ha despertado. El trabajo de Maitreya es reunir a estas almas despiertas en grupos que Él iniciará en la primera y segunda iniciación del ciclo evolutivo.* Éste es un proceso continuo. Él lo hace ahora. Él acelerará el proceso. Él viajará de país en país, reuniendo a grupos que están preparados para la primera y los pocos que están preparados para la segunda iniciación. Ese es el 'cuerpo de Cristo'.

Incluye a personas que son pobres, personas que son ricas, personas de clase media, medio pobres, medio ricas, y se refiere a todo aquel en el que la luz divina del Cristo, el alma de la humanidad, está encendida. Él trabaja con eso, fomentándolo, intensificándolo, conduciendo a aquellos a la puerta de la iniciación. Estas dos primeras iniciaciones preparan al hombre o mujer para la tercera iniciación, que, como probablemente sabéis, se toma ante Sanat Kumara, el Señor del Mundo.

Esto es algo que, por supuesto, le preocupa mucho a Él, el Cristo, porque cualquiera que venga ante Sanat Kumara en la tercera iniciación tiene antes que venir ante el Cristo en las dos primeras iniciaciones anteriores. Es en este sentido que el Cristo es 'el camino' y 'la vida' en la terminología cristiana.

Las pocas últimas vidas (pueden ser entre 20 y 30, que son pocas comparadas con lo que ha venido antes) del ciclo evolutivo están cubiertas por cinco grandes expansiones de conciencia. Eso es lo que es la iniciación. Es una expansión de conciencia, y comienzan con la primera iniciación y acaban con la quinta, la iniciación de la Resurrección, que te convierte en un Maestro. Todos los Maestros han pasado por estas cinco experiencias iniciáticas y cada personas de esta sala y cada persona de este mundo al final pasará por el mismo proceso.

El 'cuerpo de Cristo' es simbología cristiana y realmente significa aquellos en los cuales el Cristo se ha encontrado y expresado a Sí mismo, las personas en las cuales el Principio Crístico está despierto. Existen grupos, lo sé, individuos y grupos, que piensan que Cristo no puede vivir en el mundo porque no existen suficientes de 'ellos', es decir, de aquellos en los cuales el Principio Crístico está despierto. Por 'ellos' se refieren a que se consideran como más especiales que las personas normales y corrientes medias. Son aquellos que tienen, a mi entender, una idea sentimental (pero para ellos real) de que el Cristo es una realidad para ellos. Yo no me refiero necesariamente en un sentido religioso aunque también podría serlo, de que el Cristo está despierto en ellos, y quizás lo esté.

Pero también lo está para millones de personas. No es ese pequeño grupo que cree que el Cristo no puede estar en el mundo porque existen tan pocos de 'ellos'.

El Cristo está despierto, por ejemplo, en las 850.000 personas en encarnación que ya han tomado la primera iniciación. Esas son muchas personas, así que cómo pueden ser tan pocas, sólo esas personas en ciertos grupos que se consideran a sí mismas tan iluminadas y tan especiales que el Cristo no puede estar en el mundo aún porque no hay suficientes de 'ellos'.

Es una tontería, un gran, gran espejismo. Existen unas 850.000 personas en encarnación en las cuales el Cristo ha nacido, que han tomado la primera iniciación, y alrededor de 240.000 personas que han tomado la segunda iniciación. Así que el Cristo ha nacido en muchos. Hay entre 3.000 y 4.000 personas en el mundo que han tomado la tercera iniciación.

El 'cuerpo de Cristo' son aquellos en los cuales el Principio Crístico está despierto. Al final de esta Era será la inmensa mayoría de la humanidad que habrá tomado la primera iniciación, algunos la segunda, algunos menos la tercera, la cuarta, y aún menos la quinta.

Ese es el 'cuerpo de Cristo'. No son los pobres, exclusivamente, como fue sugerido en la pregunta. No cabe duda que los pobres, viviendo angustiados por carecer de las necesidades cotidianas, para los que Maitreya guarda una especial preocupación y un especial afecto y siente una especial responsabilidad, son especialmente queridos para Él porque su necesidad atrae Su amor y Él es el Señor del Amor.

*[Para más información sobre las iniciaciones, consultar *La Misión de Maitreya, Tomos I, II y III* de Benjamin Creme.]

P. He seguido a *Share International* durante más de 10 años. He realizado donativos, asistido a meditaciones, leído algunos de los libros, visitado regularmente la página web, y visto en persona a Benjamin Creme en Los Angeles y Londres. De hecho, planeaba unas vacaciones en Londres con mi familia para poder asistir a una conferencia. Soy lo suficientemente sensible para sentir el poder espiritual alrededor del Sr. Creme; esto ha mantenido mi atención. Sin embargo, mientras que encuentro la orientación espiritual iluminadora, a menudo encuentro la orientación política desacertada.

Especialmente leo detenidamente la sección de 'Preguntas y Respuestas' de su revista cada mes y estoy cada vez más consternado por la orientación política del Sr. Creme y de *Share International*. Me ha impedido una mayor participación en la organización. Ya que se hacen tantas aseveraciones escandalosas e irresponsables que no tienen ningún respaldo de otra fuente, he comenzado a dudar del resto del programa.

No estoy pidiendo que ocultéis vuestra orientación. Es bueno que la expongáis abiertamente. Sin embargo, limita vuestra credibilidad conmigo y quizá con otras personas. Los mejores deseos de todas maneras.

R. Estoy seguro de que el autor no está solo en su descontento con los elementos políticos/económicos de *Share International*. Puedo comprender su consternación en lo que él considera una usurpación cada vez mayor del elemento puramente 'político' de la revista sobre el elemento 'espiritual'. Cuando muchas de las declaraciones políticas son profundamente críticas con la actual Administración de EEUU y su masiva contribución al actual caos, temor y tensión del mundo, y el lector es norteamericano y ve las acciones de EEUU diferentemente, tiene que ser doloroso, ofensivo y bochornoso. Así, también, lo es para muchos aquí en Gran Bretaña cuando vemos a nuestro gobierno mentir e inventar cosas para apoyar la acción de EEUU.

Debe recordarse que nuestro enfoque político nunca tiene tintes partidistas y que las preguntas surgen de lectores que sin duda buscan respuestas verdaderas que no están consiguiendo en ningún otro lugar. Ciertamente, no todos encuentran las respuestas "aseveraciones escandalosas e irresponsables" sino unas que tienen en realidad el respaldo de la Jerarquía. La intención declarada de *Share International* es unir las dos líneas más importantes del pensamiento de la Nueva Era –el político y el espiritual– para mostrar la síntesis que subyace a los cambios políticos, sociales, económicos y espirituales que están ocurriendo ahora globalmente.

Para *Share International*, todo lo que mejora la vida para la humanidad es espiritual, tanto sea en el plano físico, mental o el 'espiritual'. ¿Por qué Maitreya camina junto a millones de manifestantes que piden una acción política para acabar con la guerra y la injusticia? La crisis espiritual a través de la cual todos nos movemos dolorosamente está centrada actualmente en los campos político y económico. Sólo en esos campos se solucionará y abrirá el camino para el establecimiento de correctas relaciones humanas.

P. Los instructores espirituales del pasado que conocemos no estaban asociados a la política sino que se centraban en el desarrollo espiritual. Estoy perplejo por su enfoque en la política. Podría explicarlo, por favor.

R. Porque estoy interesado en amor, en justicia y libertad para *todos*. La política, la economía, eso es realidad. Eso es espiritual. ¿Dónde dejas de ser espiritual?

¿Cuándo dejas de ser espiritual? ¿Cómo mides el grado de espiritualidad de una persona? Todo en la vida es espiritual –vivimos en un universo espiritual. No podría ser de otra forma. El problema es que no lo hacemos espiritual. Tenemos la política más corrupta que jamás ha sido concebida, las estructuras económicas más corruptas jamás concebidas por el hombre. No son espirituales pero deberían serlo, y deben ser, espirituales.

De lo que hablo es de política espiritual, economía espiritual, y descubrirá que el Cristo mismo, el Señor Maitreya mismo, el Instructor del Mundo, se concentrará al principio en la política y la economía. Lo que digo proviene del Él. Estos son Sus pensamientos, Sus ideas. La política, la economía, deberían ser las cosas más espirituales. La política trata de cómo las personas viven juntas y la economía trata de cómo distribuimos los recursos del mundo. Si no eres espiritual, lo haces mal, como se hace en la actualidad. ¿Quién es espiritual –esos instructores espirituales de los que usted está hablando o yo que estoy interesado en cómo vive la gente? No puedes hablar sobre desarrollo espiritual a personas que tienen que trabajar 16 horas al día por un dólar diario, para evitar que su familia pase hambre. La crisis actual es una crisis espiritual, centrada en los campos político y económico y sólo puede resolverse en esos campos.

P. ¿Cómo puede combinar este 'milagro' de la existencia de Maitreya con el libre albedrío del hombre?

R. Encontrará que en la práctica no existe contradicción. Para los Maestros, el libre albedrío del hombre es sacrosanto y nunca lo infringen. La venida al mundo cotidiano de Maitreya no es realmente un milagro. Él lo hace bajo Ley y según el plan. Sencillamente sucede que las personas, en su mayoría, no han escuchado de Él o del Plan.

P. Considerando que la humanidad tiene libre albedrío, ¿cómo es posible que Maitreya intervenga en un momento dado sin infringir

nuestro libre albedrío? Él ha dicho: "Tanto si están preparados o no, Yo vengo".

R. Su venida, aunque no anunciada como tal, no infringe nuestro libre albedrío. Me temo que la mayoría de personas, incluso ahora, no son conscientes de que Maitreya está en el mundo.

P. ¿Por qué no pedir a Maitreya que hable directamente en vez de hacerlo siempre a través suyo?

R. ¡No tienes un perro para ladrar tú! La venida de un instructor de la estatura de Maitreya tiene que prepararse con mucha antelación.

P. ¿Si los Maestros deben esperar que la humanidad produzca buen karma antes de que se puedan manifestar abiertamente, esto significa que Ellos también están sujetos al karma?

R. Los Maestros no crean karma personal pero Sus acciones en relación a la humanidad están condicionadas por el karma del mundo. La humanidad no tiene que 'producir buen karma' sino sólo realizar los primeros pasos por sí misma en la dirección correcta.

P. Siendo realistas, si Maitreya aparece, ¿no habrá gente que querrá deshacerse de él? ¿Qué pasará entonces?

R. Este problema no surge. "Siendo realistas", habrá mucha gente que querrá deshacerse de Él. Hay gente que siempre quiere deshacerse de alguien que está haciendo el bien para el mundo – como Martin Luther King, o el presidente Kennedy; siempre ocurre – Abraham Lincoln fue asesinado porque tenía una visión de las correctas relaciones para la humanidad. Pueden intentarlo, pero fracasarán. ¿Cómo te deshaces de alguien si ni siquiera le puedes ver, si puede desaparecer a voluntad; que es omnisciente, omnipresente, que ha creado un cuerpo y puede recrearlo al cabo de un momento?

P. Usted ha dicho que el Maestro Jesús está cerca de Roma. ¿Se refiere geográficamente o Él pertenece a la comunidad cristiana, aunque desconocido?

R. Quiero decir geográficamente. El Maestro Jesús ha vivido en los alrededores de Roma desde hace varios años. Él no es un miembro de la comunidad cristiana como tal pero tiene discípulos en el Vaticano a través de quienes trabaja.

P. Usted ha dicho que el Príncipe Gautama fue adumbrado por el Buddha. Si es así, eso significa que todo su trabajo de ascetismo, meditación y desapego... le fue dado por un Maestro. Así, esto limita la posibilidad de alcanzar 'conocimiento' y experiencia espiritual. ¿Cuál es su punto de vista?

R. Yo he dicho que el Príncipe Gautama fue adumbrado por el Buddha pero Gautama ya era un iniciado de 4º grado, así que todas las cualidades que usted ha mencionado ya estaban presentes en Él. Lo que Él alcanzó con el adumbramiento fue el estado espiritual más elevado que ha inspirado a millones de personas durante 2.600 años.

P. ¿Qué ha hecho que los Maestros regresen al mundo ahora, después de 98.000 años?

R. Los Maestros han sabido desde hace mucho tiempo que regresarían al mundo, demostrando Su capacidad de funcionar externamente en el mundo como un grupo. La única cuestión era cuándo. El mundo tiene armas nucleares, existen 28 países que tienen armas nucleares de las cuales sólo una fracción sería necesaria para destruir toda vida en la Tierra. Así que los Maestros se presentarán con Maitreya (Él anunció Su intención de regresar en 1945, al final de la Guerra Mundial) para evitar la destrucción de toda vida en nuestro planeta. Si se dejara que todo continuara como ahora podríamos destruir toda vida. Las tensiones inherentes en las divisiones entre los países desarrollados y en vías de desarrollo guardan dentro las semillas de la guerra, y ésta sería nuclear.

P. ¿Los 14 Maestros en la tierra se han reencarnado o sencillamente han aparecido en la Tierra?

R. Ellos están en Sus propios cuerpos físicos adultos y han emergido de Sus retiros para tomar Sus posiciones en el mundo moderno.

P. En *Share International* en marzo de 1994 se publicó un artículo sobre el sabio del sur de la India Sri Ganapathi Sachchidananda Swamiji que tenía su ashram en Mysore. Él realiza los mismos milagros que Sai Baba y Swami Premananda, materializando vibhuti, medallones, etc. como se mencionó en el artículo de *Share International*. Durante la noche de Mahashivaratri, Sri Ganapathi-ji, también

materializa shivalingams, pero a diferencia de Sai Baba y Swami Premananda, no de su boca sino del fuego durante la ceremonia del fuego. Para ello, Swamiji entra en el foso del fuego y lleva a cabo la ceremonia durante una media hora sin que las grandes llamas le ocasionen el menor daño. Sus discípulos creen que es el Avatar del dios hindú Dattatreya, a través de quien trabajan las energías de Brahma, Vishnu y Shiva. ¿Podría su Maestro explicar cómo encaja en el círculo de Maestros de la Logia del Sur de la India y su relación con los otros dos grandes Avatares que conocemos en el sur de la India, Sai Baba y Swami Premananda?

R. Sri Ganapathi Sachchidananda Swamiji pertenece a un pequeño grupo de Avatares que se han encarnado en este tiempo de peligro y cambio para la humanidad. Los métodos y enfoques pueden variar pero el propósito subyacente es servir al planeta Tierra.

P. En *La Reaparición del Cristo* de A.A.Bailey, se afirma: "La presencia física en nuestro planeta de los conocidos Personajes espirituales como el Señor del Mundo, el Anciano de los Días, los Siete Espíritus ante el Trono de Dios, el Buddha – Guía Espiritual de Oriente – y el Cristo – Guía Espiritual de Occidente –, absorben nuestra atención en esta época culminante". Significa la palabra 'física' en este contexto que: (1) ¿Sanat Kumara es un hombre que vive en el planeta al igual que el Señor Maitreya? (2) ¿Los Siete Espíritus también se manifiestan en forma humana? (3) ¿Que el Buddha está en realidad en un cuerpo humano y en nuestro planeta actualmente? El párrafo parece indicar que esto es así.

R. (1) Sí. (2) Sí. (3) Sí. Además de Maitreya, el Cristo, todos los personajes mencionados arriba existen, en cuerpos físicos etéricos, en el centro más elevado, Shamballa.

¿Qué deberíamos hacer?

"Haced saber a todos que Yo estoy aquí, que he vuelto y preparo a los hombres para el Día de la Declaración, el día del Don de Dios; porque en ese día, los hombres celebrarán juntos el cumplimiento de la Voluntad Divina. Mi Venida no es nada menos." (Maitreya, del Mensaje Nº 25)

P. He leído su información sobre Maitreya pero no sé cómo 'hacerle lugar' en mi vida cotidiana. Lo creo pero también parece irreal. ¿Podría usted ayudar?

R. La venida de Maitreya trata de cambio mundial: cambio en nuestra comprensión de las necesidades del planeta, el equilibrio ecológico; el cambio en nuestros sistemas económicos para que todas las personas sean alimentadas y cuidadas apropiadamente; cambio en las relaciones entre las personas en todas partes. La verdadera comprensión de que la humanidad es una también mostrará la necesidad absoluta para esta profunda transformación. Es la construcción de un nuevo mundo.

No estás solo en el planeta y por tanto verás que estos cambios se relacionan contigo y con tu vida, y esto proporcionará un sentido más profundo de la realidad y el significado de la venida de Maitreya.

Maitreya no viene solo sino que está a la cabeza de un importante grupo de hombres perfeccionados, los Maestros de Sabiduría. Cuando la humanidad tome seriamente el consejo y la orientación de Maitreya y los Maestros, comenzará este proceso de cambio mundial que, al final, abarcará cada aspecto de nuestras vidas. Esto por supuesto te afectará como lo hará con todos los demás. Piensa sobre la venida de Maitreya de esta forma y piensa que tendrás una comprensión más profunda de lo que Su venida significa para nosotros.

P. ¿Qué debemos hacer ahora que hemos oído su información?

R. Yo estoy 100 por ciento convencido por mis experiencias a lo largo de muchos años, pero incluso si sólo estás 5 por ciento seguro –haz lo que yo estoy haciendo– hacerlo conocer con lo mejor de tu capacidad –¡decidlo a la gente, hablad con los medios de comunicación, escribid artículos, organizad charlas! Decidle a todo aquel que escuche que este acontecimiento está teniendo lugar. Sencillamente contad lo que sabéis, o lo que creáis.

Si estás algo convencido (no importa que no conozcas todas las respuestas, sencillamente decid que no lo sabéis) contad lo que creáis. De esta manera eres testigo de algo y las personas te escucharán. No necesariamente se convencerán, pero escucharán la información. Sus mentes se abren más a la posibilidad. Eso es lo importante.

P. ¿Qué puedo hacer exactamente ahora? Sólo soy un pequeño individuo.

R. No eres tan solo una persona. Eres una de las millones de personas en todo el mundo; millones de personas de buena voluntad con pensamiento correcto. Únete a ellas. Ellas, como tú, desean la paz en el mundo y saben que son las injusticias del mundo las que impiden la paz. Hazlo saber. Únete con otros, únete a grupos.

La humanidad es una tremenda fuerza para el bien y los cambios tendrán lugar a través de la emergente voz del pueblo. La voz del pueblo de todas las naciones creciendo, inspirada por Maitreya, guiada por Él, activada por Maitreya –tanto si ellos saben que Él es Maitreya como si no. La voluntad unificada del pueblo forzará a los gobiernos a cambiar.

P. ¿Triunfará el bien sobre el mal?

R. ¡Sí! Por supuesto. El final es conocido desde el principio. El bien inevitablemente triunfa porque es la voluntad del Ser divino que enalma este planeta. Pero tenemos que hacer que suceda. No sucede por sí mismo. Maitreya lo dice así: "Nada sucede por sí mismo. El hombre debe actuar e implementar su voluntad". No importa el ideal que tengamos, lo mucho que nos gustaría que todos vivan en paz, que tengan lo suficiente para comer, no tener a millones de personas muriendo de hambre, ningún niño con vientre hinchado porque no han tenido alimentos durante semanas. Nada de eso más. No sucede a menos que actuemos y lo hagamos suceder.

P. Si usted está en lo correcto de que el Cristo y los Maestros están y vienen al mundo, ¿no es todo esto algo demasiado grande, una experiencia demasiado extraordinaria de asimilar para las personas normales y corrientes?

R. Descubriréis que Maitreya y los Maestros, aunque desde nuestro punto de vista seres espirituales perfectos, son francos, simples y totalmente respetuosos en su acercamiento a la humanidad. Ellos no se comportan, ni se comportarán, como Dioses remotos de la imaginación popular. Son hombres, como nosotros, pero hombres sin defectos. Tienen un vivo sentido del humor, simplicidad de enfoque, y Ellos conocen mejor que nosotros la naturaleza espiritual interior de todas las personas. Maitreya es el Señor del Amor, la Jerarquía Espiritual es el Centro en el planeta en el que el Amor de Dios es expresado y que ejemplifica Su acercamiento a nosotros. Es incondicional.

P. ¿Podemos hablar con cualquier persona sobre su información y sobre Maitreya?

R. ¡Cualquiera! ¡A cualquiera que te escuche! Incluso si sólo lo crees muy, muy poco –contadlo a ese nivel. Si tienes la completa convicción –hazlo saber a ese nivel. Cuéntales a los demás. De esta manera creas un clima de esperanza y expectación para Su venida para que Él pueda entrar en nuestras vidas sin infringir nuestro libre albedrío. Eso es lo más importante que puedes hacer actualmente.

P. ¿Cuál es el servicio más importante que podemos realizar en este momento de la historia del mundo?

R. Hacer saber el hecho del regreso de la Jerarquía al trabajo abierto, y la presencia y planes de Maitreya y los Maestros.

P. ¿Al comenzar la Nueva Era qué cambios simples podemos llevar a cabo?

R. Poned en práctica el compartir. Cread justicia y por tanto paz. Cread correctas relaciones humanas y por tanto cread unidad y síntesis que es la clave de la Era de Acuario. Comprended que todos somos Uno, hermanos y hermanas de una sociedad humana. Todas las aparentes diferencias no tienen importancia –cualquiera que sea la nacionalidad o color, no son importantes. Probablemente todos hemos vivido en diferentes razas, colores y nacionalidades. Si ahora eres holandés, quién sabe –podrías ser chino, africano o rumano en tu próxima vida. ¡Hazte amigo de ellos ahora!

P. Estoy contenta de haber encontrado su página web y saber sobre Maitreya y sus enseñanzas. Me ha permitido abrir los ojos y hallar muchas respuestas a mis preguntas. Pero hay algo que no entiendo. Desde que he leído sobre Maitreya, me he vuelto hipersensible. Cada vez que veo algo triste u horrible por televisión, o incluso si veo a una

anciana caminando por la calle o algo hermoso, empiezo a llorar. Si alguien me cuenta sus penas o dolor lo puedo sentir emocionalmente o incluso físicamente como si yo fuera esa persona. Me gustaría saber si puedo hacer algo al respecto, puesto que no puedo controlarlo y empiezo a sentirme ridícula a ojos de mis amigos y personas en general.

Desde que sé de la presencia de Maitreya, tengo un conflicto interior. No sé cómo incorporar las enseñanzas de Maitreya en mi vida material y en esta sociedad material. No hay día que pase sin que piense en los problemas del mundo. Me hace volver apática y sentirme culpable e inútil. Sé que usted no es un psicólogo, pero si me pudiera dar algún consejo, sin duda alguna me ayudaría.

R. Su reacción es una brillante expresión de cómo una respuesta sensitiva, incluso a las ideas, a los pensamientos, y al significado interno de las palabras de Maitreya, abre el corazón. Esto es lo que ha ocurrido en este caso. Quien escribe esta carta está respondiendo (correctamente) con lo que Maitreya denomina "honestidad de mente y sinceridad de espíritu" inherente en todos nosotros, aunque desgraciadamente apenas se muestra tan bien. Se trata de una expresión de la unidad y unicidad subyacente en toda la humanidad. Sin embargo, Maitreya también aboga por el desarrollo del desapego, supongo que es lo que los budistas llaman desapasionamiento, cuya carencia provoca en esta persona este momento tan complicado. La persona puede aprender a experimentar vívidamente todo el dolor y el sufrimiento del mundo, pero cuando se decide hacer algo al respecto, implicarse en su solución, puede tomarse el primer paso en el desapego. Del mismo modo que los médicos y enfermeras aprenden a tratar con las experiencias más espantosas sin implicarse emocionalmente, su desapego les permite desempeñar su necesario trabajo. Esta es la razón por la cual Maitreya considera tan importante el desapego dentro de las cualidades a adquirir.

Maitreya mismo es omnipresente, experimenta a cada momento el dolor y el sufrimiento, la terrible y constante agonía de millones de personas en todo el mundo, aunque está desapegado y lleno de dicha: de lo contrario, Él no podría ayudarlos o desempeñar Su misión.

Implicarse en el servicio es la forma ideal para lograr el desapego. La persona que escribe esta carta podría considerar unirse a un grupo de Meditación de Transmisión como primer paso en esa dirección. Si me permite decirlo, creo que esta carta es una respuesta hermosa y eminentemente correcta a los pensamientos e ideas de Maitreya, el Señor del Amor.

P. Solía creer en su información y esperé ver a Maitreya todos estos años, pero la historia se hace cada vez más difícil de creer. ¿Por qué Él no puede sencillamente presentarse de forma completamente pública ahora? Seguramente las cosas en el mundo no pueden empeorar más. Muchas personas ya no pueden soportar más oír o ver las noticias, existe demasiado sufrimiento y demasiado mal.

R. Puedo entender este sentimiento pero es sólo un sentimiento y no tiene en cuenta la Ley que Maitreya no puede ignorar: esa es la Ley de Libre Albedrío humano. En cualquier momento en los últimos 30 años, si hubiésemos realizado algunos pasos para enderezar los males actuales, para implementar el principio de compartir, para restablecer la justicia y la paz en el mundo, entonces hubiéramos visto a Maitreya abiertamente hace mucho tiempo. Debemos culparnos nosotros y no a Maitreya (¡o a mí!)

P. Me siento tan triste cuando los Maestros se esconden tan bien —estamos preparados para esto, estamos hartos de las estupidez diaria de este mundo, ¿por qué no pueden presentarse ahora, más a menudo para aquellos que están preparados?

R. Esto es parte de la misma idea —siéntate y pide a Dios o a los Maestros que vengan y limpien el desorden. Nosotros tenemos que hacerlo. Nosotros tenemos que ser responsables del desorden que estamos creando. No podemos sentarnos y confiar en que Dios o los Maestros lo hagan por nosotros. Si no lo queremos, nunca sucederá. La humanidad tiene libre albedrío —es el mayor don, la divinidad en la humanidad. Si no tuviéramos libre albedrío no evolucionaríamos. Ese libre albedrío es sacrosanto en lo que concierne a los Maestros y Ellos nunca lo infringirían. Así que no pueden presentarse y limpiar todo por nosotros. Ellos saben que no es un mundo maravilloso para millones y millones de personas. Todo está bien para las personas bien alimentadas y prósperas en los ricos países europeos, pero existen millones de personas muriéndose de hambre que ven a sus hijos morir porque no tienen nada que darles, porque no hay nada en cientos de kilómetros a la redonda. Ni incluso agua potable para beber.

Somos tan complacientes —los europeos, los norteamericanos, los japoneses, en nuestra pequeña vida confortable (sé que no es tan confortable para todos, pero lo digo en términos generales) –no dedicamos ni un pensamiento a cómo la inmensa mayoría de personas viven y mueren. Si no vemos esto, nunca cambiaremos. Si queremos que cambie, tenemos que actuar –de otra forma no sucederá.

P. Usted ha dicho que Maitreya sabe que tomaremos las elecciones correctas. Da la impresión de que todo irá bien al final, así para qué preocuparse. Pero seguramente debemos hacer sacrificios y realizar esfuerzos para cambiar las cosas. Debemos estar motivados para realizar los cambios.

R. ¡Sí! ¡Sí! ¡Sí! Exactamente. Ese es el quid de la cuestión. *Nosotros* debemos hacerlo. Debemos hacer los cambios. Como Maitreya dijo: "Nada sucede por sí mismo. El hombre debe actuar e implementar su voluntad". [Maitreya, del Mensaje Nº 31] No podemos simplemente cruzarnos de brazos y dejar que otro lo haga. Si queremos cambio debemos llevarlo a cabo –pedid el cambio, marchad, manifestaos, haced todo lo que sea legal para llevar nuestro deseo de cambio a la atención de aquellos que puedan producir el cambio. Aquí existe una oportunidad para cualquiera para liderar el camino, para pedir el cambio, comenzar la llamada europea a la justicia y libertad para todos. ¿Por qué no tú? ¿Por qué venir a escucharme? Podrías estar fuera marchando con pancartas pidiendo paz, justicia y libertad en el mundo. Esa es la única forma por la que tendrá lugar. Podría estar inspirado por Maitreya, Su energía lo haría suceder. Pero debemos hacerlo. Debemos exigirlo.

La voz del pueblo está ganando terreno –pero debes escuchar con atención para oírla. Debemos hacerla más fuerte. Lo que Maitreya puede hacer es educar, informar, insipirar, crear un vehículo fiable –la voz del pueblo de todos los países del mundo– y crear una masa articulada contra la cual ningún país del mundo podrá oponerse. Necesitamos una opinión pública mundial informada y educada para la paz, justicia y libertad. Nada menos que eso bastará. Así es como será.

P. ¿Cómo debemos dirigirnos a Maitreya, por ejemplo, si deseamos 'hablar' con Él o pedir Su ayuda?

R. Maitreya ha dado un medio simple y directo para contactar con Él. Utilizad la 'Mano' de Maitreya que ha sido dada para este propósito. Simplemente miradla y eso atrae de inmediato Su atención hacia la persona que pide Su ayuda. [Ver la foto de la 'Mano' de Maitreya al final del libro)

P. En cierto modo me sorprende bastante que su revista dé tanta importancia a los milagros de Maitreya. No es que yo dude de ellos, pero pienso que hablar demasiado de milagros puede desviar a algunas personas del camino. En cierto modo, mi enfoque tendería a ser así: "Oh, Señor, creo en tí A PESAR DE tus milagros". O quizás es la palabra 'milagro' en sí lo que me cuesta aceptar. Porque en realidad lo que nosotros llamamos 'milagros' es algo perfectamente natural para el Señor Maitreya y lo más sorprendente de ello es que nos sorprendamos. ¿Podría hacer un comentario al respecto?

R. Quien escribe esta pregunta no es el único en su respuesta a nuestras informaciones sobre milagros, sino que son señales de la presencia de Maitreya y para muchos son una clara indicación de que Su presencia es un hecho. Maitreya ha dicho: "Aquellos que buscan señales las encontrarán, pero Mi método de manifestación es más sencillo". [Maitreya, del Mensaje Nº 10]. Para las personas religiosas, constituyen una señal de esperanza, y muchos buscan, e incluso piden, estos milagros antes de aceptar y creer en la existencia del Instructor, sea cual sea el nombre por el que lo conozcan.

P. ¿Es mi imaginación o existen cada vez más patrones de luz? ¡Parecen estar en todas partes!

R. Tienes toda la razón. Están aumentando, así que ahora casi se se pueden ver en todos los países del mundo. [Ver ejemplos de patrones de luz en las páginas 107.]

P. Existen muchas historias de personas que han sido curadas por los patrones de luz que aparecen en todo el mundo. ¿Es su función la de curar?

R. Los patrones de luz no son luces curativas *per se* pero de tanto en tanto Maitreya utiliza la demostración de luz para realizar las curaciones 'milagrosas' en cuestión.

P. Maitreya parece estar apareciéndose a personas que conocen Su identidad y ellos saben que Él sabe que ellos saben, etcétera. ¿Se trata de una pista de que el Emerger ha entrado en una nueva fase?

R. Sí. Sin lugar a dudas, Maitreya está apareciendo más, y de forma más abierta, a grupos involucrados en el trabajo de la Reaparición, incluso en disfraces que ya que se ha confirmado que se trata de Él. Evidentemente, da la impresión de que Su aparición externa está cerca, lo cual yo creo que es así.

P. Tengo la impresión de que el Señor Maitreya se está mostrando cada vez más, es decir, se aparece a personas con más frecuencia –aún disfrazado quizás, pero dejándoles verle más como Él es en realidad. ¿Esto es así?

R. No, no es así. Con el disfraz de numerosos 'familiares' Él ha mantenido la misma frecuencia de apariciones durante muchos años, pero se está apareciendo, como ya indiqué, más frecuentemente con un disfraz que ya ha sido confirmado que era el de Maitreya.

P. He leído su página web regularmente. Podría por favor explicar por qué los Maestros invierten Su valioso tiempo en aparecerse a alguien, para permanecer a veces durante una hora o dos con personas que trabajan con usted, cuando Ellos están tan ocupados y existen tantos problemas en el mundo, tantas personas para curar, rescatar y consolar. No parece lógico.

R. La respuesta yace en el hecho que cuando Maitreya o un Maestro se aparece a alguien, no es el Maestro o Maitreya lo que la persona ve o habla con sino un 'familiar', una forma mental, al que Él puede conferir algún fragmento de Su conciencia. La maestría de un Maestro implica ser capaz de dividir Su conciencia en miles de actividades separadas y simultáneas. En el caso de Maitreya, Él es literalmente omnipresente.

P. ¿Una vez que Maitreya esté en el mundo y comencemos a actuar, serán nuestras acciones potenciadas o hechas más efectivas por Él?

R. Maitreya está en el mundo, pero una vez que Él emerja abiertamente, cada acción que tomemos en la dirección correcta –eso es hacia la unidad, la justicia, la libertad para todas las personas– invocará Su ayuda y energía. Él potenciará nuestras acciones y los cambios tendrán lugar con enorme velocidad y orden.

P. (1) ¿Cuántas personas han oído la información sobre Maitreya? (2) De ellos, ¿cuántos están abiertos a esa posibilidad? (3) ¿Cuántas personas realmente lo creen? (Share International, Septiembre 2004)

R. (1) Unos 30 millones. (2) Unos 20 millones. (3) Unos 2 millones.

P. (1) ¿Aproximadamente cuántas personas, como parte de su propósito de alma, se han encarnado en esta época para ayudar a preparar el camino a Maitreya y la Jerarquía? (2) ¿De este número, qué porcentaje ha respondido a esta llamada y están realmente involucrados en este proceso?

R. (1) 4.600. (2) 70 por ciento.

P. ¿Por qué es tan importante estar encarnado en este momento?

R. Es un momento único en la historia de la Tierra. Un nuevo ciclo cósmico –la Era de Acuario– está justo comenzando. Consecuentemente, tendrán lugar enormes cambios en cada área de la vida en los próximos 2.350 años o así. Sobre todo, un gran cambio en la conciencia humana se desarrollará gradualmente, mayor por mucho en profundidad y alcance que en cualquier otro punto anterior de la historia. Esto será el resultado del extraordinario estímulo dado a nuestra evolución por las energías de Acuario y por la exteriorización del trabajo de nuestra Jerarquía Espiritual por primera vez en 98.000 años. El Cristo, el Señor Maitreya, y un gran grupo de Sus discípulos estarán físicamente presentes durante toda la Era, ayudando a la humanidad a evolucionar en paz, libertad y justicia.

Una extraordinaria oportunidad es así dada a cada uno para servir al mundo, ayudando a crear las nuevas estructuras en cualquier departamento al que la vida te llame. ¿Quién no querría estar presente en tal momento?

P. ¿Qué diferencia cree usted que produce en la vida de una persona creer o no en la reencarnación?

R. Es obvio, no es así, que si 'crees', incluso como una idea intelectual, de que vivirás una y otra vez, esto elimina uno de los grandes temores de la vida, a saber, el temor a la muerte. Te proporciona un sentido de proporción y 'legalidad' en esta vida y te relaciona, inevitablemente, a la Ley del Karma (de causa y efecto), la ley básica que gobierna nuestra existencia en la Tierra.

P. ¿Podría por favor ampliar el hecho de que estemos encarnados específicamente para estar involucrados en el trabajo de la Reaparición? ¿Todos los que estamos aquí nos encarnamos para este propósito?

R. Maitreya lo dice tan claramente y aún dudas de Él [ver Mensaje de Maitreya Nº 7]. ¿Queréis que hable más sobre ello? O es cierto o no lo es. ¿Qué podría decir que añada algo a eso y fortalezca vuestra convicción? Habláis de confianza. La confianza es el resultado de la convicción y la convicción es el resultado de la confianza. Tenéis que tener convicción. Tenéis que tener confianza. También tenéis que tener la experiencia.

Si Maitreya os dice que este grupo fue traído al mundo para hacer este trabajo, lo podéis creer o no. Es obvio que si me pedís que hable más sobre ello no lo creéis. No tenéis realmente la convicción de que esto es cierto y, por tanto, no hacéis demasiado. No estoy hablando de todos, pero diría que la mayoría de las personas que están ahora en esta sala no hacen demasiado excepto 'trabajar en uno mismo', que no es demasiado. No puedes tener ambas cosas.

Todos quieren ser vistos, reconocidos, tratados como un discípulo. Discípulo significa disciplina. De allí proviene la palabra: alguien que es disciplinado. Si no eres disciplinado, si no estás trabajando, si no estás sirviendo, no estás haciendo el trabajo de dar a conocer esta información de todas las maneras que puedas, tan a menudo como puedas, invirtiendo tiempo y energía, entonces no lo estás haciendo porque no crees en ello. Maitreya ha dicho que habéis venido al mundo a hacer este trabajo. Alguien tiene que hacerlo, ¿lo comprendéis? Alguien tiene que hacerlo.

Cuando Maitreya convocó una Conferencia en Londres en abril de 1990, Él vivía en uno de los templos (no el mismo templo en el que vive ahora) y Él pidió a los swamis que escribieran las invitaciones para la Conferencia. Alrededor de 350 personas fueron invitadas y quizás entre la mitad y dos tercios de ellos asistieron. Todas eran personas poderosas en el mundo: reyes, políticos y periodistas, economistas y empresarios, líderes religiosos, etc. Había todo tipo de personas, todas personas con bastante sensibilidad, ciertamente inteligencia, algunos con mucho más que eso. Pero los swamis no querían escribir las tarjetas de invitación. Así, ¿quién pensáis que lo hizo? Maitreya. Maitreya, el Instructor del Mundo y líder de la Jerarquía, la Encarnación del Amor, escribió a mano las tarjetas de invitación. Él dijo: alguien tiene que hacerlo. Él no utilizaría la fuerza ni incluso levantaría Su voz a los swamis. Él sólo dijo: alguien tiene que hacerlo. Pero ellos no se involucraron en ese tipo de cosas. Estaban demasiado metidos en su religión, y así Maitreya, que no está metido en religión, escribió las tarjetas.

Alguien tiene que hacerlo. Alguien tiene que hacer saber esta información. No sucede por sí solo. Como Maitreya dice: "El hombre debe actuar e implementar su voluntad". Tienes que hacerlo. No puedes sencillamente dejarlo a otras personas. Eso es complacencia, dejando que lo hagan otras personas.

No puedo probar que estáis aquí en el mundo ahora, encarnados por esta razón. No puedo deciros si os habéis encarnado para realizar este trabajo, pero si Maitreya, que está hablando al grupo, dice que habéis venido al mundo para hacer esto, entonces yo lo creo. No sé de vosotros. No tenéis que creerle. Nadie os pide que le creáis. Sólo podéis creerle o no. Lo tenéis que hacer vosotros mismos, no porque Él os pida que le creáis o que yo os pida que creáis en Él. No me importa si le creéis o no.

O creéis que esto es cierto, o no, que Aquel que las dijo era Maitreya, que aquellas palabras vinieron a través de la mente de Maitreya y Él las profirió (a través mío para asegurarme), pero Él las profirió y yo creo que son ciertas. Yo creo que habéis venido al mundo a realizar este trabajo. Que no lo hacéis muy enérgicamente también creo que es cierto, pero quizás tengo prejuicios. Quizás espero demasiado. Pienso que Maitreya probablemente espera menos que yo, porque Él os conoce mejor que yo.

Pero tan poco llega muy lejos. Os sorprendería. Tan poco trabajo llega muy lejos, tiene un efecto que uno no puede ver. Hablas sobre esta historia. Es la mayor historia en el mundo. No hay nada que haya sido dicho jamás que sea más importante y más iluminador que esta historia. Eso no es debido a mí. Yo sólo hago mi parte del trabajo. Es el acontecimiento más importante en la historia del mundo hasta ahora. Cosas enormes saldrán de esto, la transformación completa del mundo, una transformación en formas de las que no podéis ni siquiera soñar, no podéis imaginar con toda nuestra ciencia ficción detrás vuestro. No podéis imaginar cómo será el mundo dentro de 25 años.

Así que yo creo cuando Maitreya dice que habéis venido al mundo para hacer este trabajo, yo creo que Él dice esto verdadera, precisa y sencillamente. Habéis venido al mundo a hacer este trabajo. Bien, hacedlo. Así de sencillo. ¡Hacedlo!

P. Si Maitreya tiene la intención de hacer uso de una oportunidad para aparecer en televisión relativamente pronto, ¿qué sería más útil para los grupos: concentrarse en ferias, conferencias y material publicitario? Presumiblemente Maitreya defenderá el compartir

como la única solución duradera para la injusticia y el terrorismo. ¿Si eso es correcto entonces usted aconsejaría que nos centremos en Sus preocupaciones sociales y, sobre todo, el compartir como una clave?

R. Sí, y la urgencia de hacer saber la información.

P. La exposición de fotos de *Share International* parece un gran enfoque cara al público. Los paneles con las fotos quizás no se refieren directamente al emerger de Maitreya pero muestran el lado oscuro del mundo, educan a la gente y muestran las prioridades de Maitreya. ¿Usted también recomendaría mucho este enfoque?

R. Desde luego recomendaría este enfoque. Creo que es una gran idea, una de las muchas formas de acercamiento al público. Es de sentido común. También promocionaría la revista *Share International*, y es sencilla. La simplicidad es la nota relevante. Observas las contraportadas de una revista y atraen tu atención hasta la portada o las páginas internas. Si todo es así, uno podría pensar, entonces se trata de una revista muy interesante.

Maitreya mismo, disfrazado como un reportero gráfico, visitó esta exposición en Japón con gran atención durante dos horas. Luego la elogió muchas veces. Él dijo que si muchas personas mostraban esas fotos en todo el mundo, causarían rápidamente un efecto al señalar a las personas en la dirección de la justicia. Pienso que es obvio que si muestras tales fotografías en el contexto de la historia de la Reaparición, las personas comprenderán de lo que se trata. [Ver artículo de Michiko Ishikawa 'Maitreya visita la exposición de fotos de SI', *Share International*, Julio/ Agosto 2000.]

P. ¿Será unas de las labores de Maitreya abrir nuestros corazones al sufrimiento de los demás y sirve la exposición de fotos este propósito?

R. Desde luego que una de las esperanzas de Maitreya es abrir nuestros corazones a los sufrimientos de los demás. Eso es lo que Él hace todo el tiempo al liberar Sus energías en el mundo. Ha estado en el centro de todo lo que Él ha dicho y todo lo que yo he dicho en todas mis charlas y escritos. Eso es exactamente lo que Él espera hacer, abrir nuestros corazones a los sufrimientos del mundo. De esa manera uno cambia el mundo. Él dijo: "Tomad la necesidad de vuestro hermano como la medida de vuestra acción y solucionad los problemas del mundo. No hay otro camino" [Maitreya, del Mensaje Nº 52]. Él lo explica con detalles. ¿Sirve la exposición de fotos ese propósito? Podría hacer algo en ese respecto.

P. Podría hablar sobre la naturaleza del amor y la conciencia?

R. De lo que hablo es la manifestación del amor. El amor no es algo que evoca un sentimiento amoroso, y nos colocamos las manos en el corazón y decimos: "Estoy lleno de amor. Oh, amo a mi mujer, a mis hijos y a mis abuelos y a las personas de mi comunidad. Pero no me gustan los musulmanes. Odio a esos musulmanes. Están detrás del 11/9. Estoy seguro de ello. Los odio". Ese es el amor como conocemos al amor.

El amor no tiene nada que ver con eso. El amor es una acción. Es una capacidad para actuar acordemente con las necesidades de la humanidad. Tienes que aprender a amar al mundo. Amarse a uno mismo es fácil. Amar a tu esposa y a tus hijos es fácil, tu propia comunidad es fácil, tu propia nación lo es, (se está volviendo difícil para Norteamérica), pero es relativamente fácil. Aprender a amar al mundo en su conjunto, de ver a todas las personas como una y respetar a todos, con un derecho a lo que el mundo tiene que dar, eso es amor. El amor en acción es lo que cuenta.

P. ¿Por qué atormenta a las personas con la esperanza y la expectativa de que las respuestas a los problemas del mundo vendrán de una fuente exterior a ellas? Cualquier paz que se impone desde fuera, incluso por Dios mismo, será considerada en última instancia sólo como otra forma de tiranía. La verdadera paz debe primero sembrarse como una semilla en los corazones individuales humanos, luego nutrirse y cultivarse hasta que finalmente se asienta. Sólo entonces será capaz de madurar, y deleitar al mundo con sus frutos largamente deseados y muy anticipados.

R. Estoy bastante de acuerdo, y eso es lo que ha estado sucediendo en los últimos 30 y pico de años.

P. ¿Ha habido algún cambio en la conciencia humana desde su primera conferencia en EEUU que podría permitir al Cristo presentarse más abiertamente?

R. Sí, a pesar de las apariencias, la humanidad se está despertando a sus problemas y, hasta cierto punto, sus soluciones. Desde el punto de vista de la Jerarquía, se ha hecho un progreso real.

P. ¿Cómo es que las personas sienten las nuevas energías pero los políticos no? También son personas.

R. Sí, pero los políticos están interesados en el poder; todos quieren manejar el poder. El poder es una energía y como todas las energías puede utilizarse de forma sabia o imprudente. Algunos políticos utilizan el poder de forma imprudente y causan diversas crisis. Su tiempo está tocando fin.

La estructura más importante y poderosa en el futuro será una opinión pública mundial verdaderamente culta, orientada espiritualmente y consciente. Las personas verdaderamente heredarán la Tierra.

Maitreya también viene para los políticos, pero Él viene especialmente para las personas. Los políticos son tan egoístas, poderosos y codiciosos que pueden cuidar de sí mismos. ¡Y normalmente lo hacen!

P. ¿Podría explicar por qué nosotros en EEUU somos una parte tan importante del trabajo de Maitreya? ¿Podemos realmente realizar una gran contribución?

R. Debido a que EEUU es tan grande, tan rica, tan agresiva, y, por tanto, tan influyente, tiene un impacto enorme en la dirección que toma la humanidad. Esta puede ser para bien o para mal. La actual administración de EEUU [la administración Bush] está inclinada en una dirección muy destructiva que puede ser desastrosa para el mundo y así necesita manejarse con mucha cautela, y una clara comprensión de sus motivos y de las fuerzas que la impulsan.

P. Sai Baba está pidiendo a sus seguidores organizar reuniones públicas para divulgar la información sobre él. Esto es nuevo. ¿Está él ayudando a elevar la conciencia de las personas para estar abiertas al mensaje de Maitreya?

R. Sí.

P. ¿La recitación diaria de la Gran Invocación aceleraría la venida de Maitreya?

R. Sí, y el emerger de aquellos Maestros que tienen planeado exteriorizar Su trabajo. [Ver La Gran Invocación]

Mensaje de Maitreya

"Queridos Amigos. Estoy cerca de vosotros ahora.

Muchos de vosotros habéis esperado Mi presencia durante mucho tiempo. Estoy a punto de presentarme abiertamente ante todos los hombres, y comenzar mi misión externa.

No existe distancia entre nosotros. Sabed esto. Comprended esto.

Cuando me pedís a través de la 'mano' o directamente a Mí por ayuda, esa ayuda, debéis saber, está asegurada. Es posible que no reconozcáis que la ayuda ha sido dada, pero así será. Confiad en Mí para ayudaros, porque es para hacer esto que Yo vengo.

Os exhortaré a trabajar conmigo para el bien de todos.

Ésta es la oportunidad para crecer más deprisa, más rápido de lo que lo habéis hecho antes, y así llevaros a los Pies de Aquel que llamamos Dios.

No temáis por los muchos problemas que surgen casi a diario en el mundo. Estos sucesos son pasajeros y pronto los hombres comprenderán que tienen ante ellos un futuro bañado en luz.

Así será."

[Este mensaje fue dado por Maitreya, telepáticamente a través de Benjamin Creme, el 27 de septiembre de 2007, al final de su entrevista para un documental televisivo en el Centro de Información Share Nederland en Ámsterdam, Holanda.]

Estudio y Práctica de las Enseñanzas

"Pronto me veréis en plena visión y, cuando lo hagáis, comprenderéis que para muchos este encuentro no es el primero. Muchos de vosotros Me habéis servido antes, hace mucho, mucho tiempo, y, viniendo ahora al mundo, estáis preparados una vez más. Sabed esto, amigos Míos, y aprovechad la oportunidad ahora ofrecida para servirme y servir al mundo." (Maitreya, del Mensaje Nº 88)

P. El Maestro de Benjamin Creme nos insta a realizar un estudio sistemático de las enseñanzas. En lo que respecta al estudio, ¿cómo podemos evitar el peligro de tener demasiada información y no integrarla, tener una indigestión espiritual? ¿Existe alguna forma práctica para evitar esto?

R. La forma de evitar la indigestión espiritual y sacar mejor provecho de la información que estás aprendiendo, es practicándola. Para que pueda tener algún valor en tu vida tienes que ponerlo en práctica, realmente practicar las enseñanzas.

Los preceptos se dan para establecer el proyecto fundamental para el uso correcto de las enseñanzas. Hay personas que conocen las enseñanzas de Alice Bailey como algunas personas conocen la Biblia, capítulo y versículo. Podrían citar de memoria casi cualquier página de los libros. Pero no necesariamente viven las enseñanzas, excepto hasta cierto punto limitado. Es para ellos como una colección académica de conocimientos, que tiene su valor, pero no es un valor importante. Podrías no saber nada acerca de las enseñanzas, pero realmente vivirlas a diario. Esta ciencia tampoco es algo que se puede estudiar en un libro y aplicar; no es ciencia aplicada en ese sentido. Es una ciencia que también es un arte. Es una comprensión de la naturaleza del universo, lo cual es una comprensión de la naturaleza de la vida.

Sólo se puede comprender la vida en el sentido macrocósmico si se ha experimentado en el microcosmos. Como es arriba, es abajo. Puedes conocer qué es lo mayor si lo experimentas en ti, lo menor, porque sólo existe una sola vida. La vida se manifiesta como sistemas solares y también como el ser humano. Es exactamente la misma vida. Es por eso que Sai Baba puede decir: "Sí, Yo soy Dios. Pero tú también eres Dios. Sólo hay Dios, eso es todo lo que hay, así que ¿cómo podrías ser otra cosa que no fuera Dios?" La diferencia es, por supuesto, que Él sabe que es Dios y, lo que es más importante, Él lo demuestra, mientras que nosotros no.

Nosotros no lo sabemos, y no lo demostramos. Incluso si lo conociéramos, teóricamente, no lo demostraríamos necesariamente. Tienes que conocerlo en el sentido de 'serlo' para demostrarlo.

Para invocar la intuición, tienes que cumplir los requisitos de la mente inferior. Así que se dan estas enseñanzas de forma particular, y son difíciles. No se han hecho difíciles expresamente, sino que son difíciles porque el Maestro DK tenía la labor de hacer descender Sus conocimientos intuitivos, Búddhicos, de todo de lo que habla hasta un nivel en donde significarán algo para nuestra mente concreta inferior –e invocar nuestra intuición. Decir que se comprenden las enseñanzas por medio de la intuición significa que el alma está implicada. Al invocar la intuición, que proviene del alma, se hace un contacto con el alma. Cuanto más llegan a convertirse las enseñanzas en una parte cotidiana de tu conciencia, no algo que tienes que consultar, sino que tiene que ver con la realidad cotidiana, más fluirá la intuición, más tendrá lugar tu comprensión intuitiva de las enseñanzas. Si tu comprensión intuitiva es así, así será tu vida. Esto irradia hacia el exterior, porque es la naturaleza del alma el irradiar. A medida que se convierte en parte de vuestra conciencia despierta cotidiana viva, irradia hacia fuera y comunica. Entonces conseguís la creatividad del discípulo. No es simplemente algo que consultar en un libro. Podéis estar haciendo eso para siempre.

P. Con respecto a las prioridades en el estudio, ¿deberíamos comenzar con las enseñanzas de Maitreya, los libros de Bailey, o los libros de Benjamin Creme?

R. Ya que son las más sencillas y las más directas, y las más cercanas a vosotros, yo diría que con las enseñanzas de Maitreya hasta donde han sido divulgadas mediante Su colaborador. [Ver *Las Enseñanzas de Maitreya: Las Leyes de la Vida.*] Éste es el primer paso. Quizás las más difíciles pero de más fácil acceso, porque es así como Maitreya hablará al mundo – bajándolo al nivel más sencillo. Él estará hablando al mundo entero, que tiene que cambiar su conciencia. Él no va a decir: "Haced esta meditación o aquella meditación, luego alinead este chakra con aquel chakra, luego construid el puente", y así sucesivamente. Él no hará nada de eso.

Él hablará de la honestidad de mente, la sinceridad de espíritu, y el desapego. Estas son las tres prácticas. Él las menciona como tres fuerzas de evolución muy potentes. Son potentes porque son lo fundamental. Son lo fundamental porque sólo creciendo en desapego se puede avanzar hasta el punto de llegar a ser un Maestro, de haber realizado el Ser. Solamente mediante la honestidad de mente y la sinceridad del espíritu se puede llegar a estar desapegado. A menos que se llegue a estar desapegado, no se pueden hacer las otras. A menos que se realicen más otras, no se puede llegar a estar desapegado.

En realidad la vida tiene que ver con el desapego. Sin desapego, no se puede dar ni un paso hacia delante en la evolución. Por su mismísima naturaleza, un creciente desapego te libera de la identificación con tu cuerpo, tus emociones, tus conceptos mentales. Así es como se dan los pasos. Yo diría, leed las enseñanzas de Maitreya y ponedlas en práctica. Leed a Krishnamurti y ponedlo en práctica. No se trata simplemente de leer y saber; se trata de ponerlo en práctica. Ellos hablan exactamente de lo mismo, el mismo proceso – desapego.

P. Existe un 'debate saludable' dentro de algunos grupos de Meditación de Transmisión: algunos piensan que es muy importante reunirse en grupos de estudio y 'grupos de debate esotérico' mientras que otros piensan que la situación en el mundo y el trabajo diario de informar al público, etc, necesita de su atención en este momento específico. ¿Podría por favor comentar y aconsejar?

R. Éste es un tiempo de crisis y tensión y requiere la atención y diligencia fijadas de todos los grupos que trabajan para la Reaparición. Algunos grupos han 'reincidido' en el espejismo de los 'grupos de estudio autodidactas' a expensas de informar al público sobre Maitreya y Sus planes. Parecen haber decidido que el emerger de Maitreya se encuentra a muchos años de distancia y así no existe una especial urgencia en informar al público. Están equivocados –y se verá que no estuvieron a la altura de las circunstancias.

P. ¿Dónde comenzar? ¿Trabajando primero en uno mismo o divulgando nuestra información sobre la presencia de Maitreya y los Maestros y las prioridades de Maitreya?

R. 'Trabajar en uno mismo' dependerá de tu enfoque. Podría significar enfocar toda la atención de uno en uno mismo, y al hacerlo, pensar que estás trabajando en ti mismo.

¿Qué significa: trabajar en uno mismo? Trabajar en uno mismo significa responsabilizarse. Trabajas en ti mismo para mejorar tu carácter, y reconoces a las personas por la cualidad de su carácter. Cuanto más avanzada, más evolucionada es una persona, más profunda será la naturaleza de su pensamiento, será más de confiar, más creativa. Todas estas son características de aceptar la responsabilidad de la vida.

Así, 'desarrollarse' uno mismo, dedicar la atención a uno mismo y por tanto 'trabajar' en uno mismo, normalmente no significa nada. A menudo es sólo una forma de no hacer nada, no prestar la atención al mundo exterior, no contar al mundo de que Maitreya y un grupo de Maestros está en el mundo, no contar al mundo sobre las prioridades de Maitreya y de la necesidad de cambio. No tienes tiempo para eso si estás 'trabajando en ti mismo' de esa forma.

No trabajáis en vosotros mismos separadamente de contar al mundo sobre Maitreya. Podéis hacer ambas cosas a la vez. Si realmente cuentas al mundo sobre Maitreya, estás trabajando en ti mismo. Podrías no verlo en estos términos pero realmente lo estás haciendo. No puedes subirte a un estrado y hablar a 50 o 500 personas sobre la venida de Maitreya y Su grupo de Maestros y lo que significa para la humanidad, el significado, los resultados de ello, las acciones de la humanidad en relación a ello (porque son cruciales) sin ser cambiado. Tienes que pensar, unir las palabras, decirlas al mundo. Eso es trabajar en uno mismo. No es algo separado que puedas realizar en vez de hablar sobre las prioridades de Maitreya. No puedes hablar sobre las prioridades de Maitreya sin trabajar simultáneamente en ti mismo.

Trabajar en uno mismo para la mayoría de estudiantes de las enseñanzas esotéricas es leer a Alice Bailey. Leerla día tras día, tener siempre un libro bajo el brazo, listo para utilizarlo cuando tomas un café, y sentarte durante horas en un bar, leyendo ocasionalmente, y mirando alrededor y pensando sobre ello, 'trabajando en uno mismo'. Eso es lo que hacen muchas personas. Es tan inútil. Los libros de Alice Bailey son maravillosos y deberían leerse con diligencia, pero sólo son libros, y tienen como propósito estimular la acción al igual que el pensamiento.

Trabajar en uno mismo es acción. Es trabajo, trabajo real, subir a un estrado, superar el nerviosismo, tu temor escénico, abrir la boca y hablar a la gente, sólo una persona, media decena, medio millar, no importa. Cuesta el mismo esfuerzo hablar a dos personas como hablar a 200. Dices las mismas palabras. Eres afortunado si te escuchan 200 en vez de dos, pero tienes que empezar por algo.

Recuerdo cuando comencé. A veces había cuatro personas en la audiencia y ¡las cuatro ya habían oído la historia antes! No es fácil al principio, pero tienes que tener algo de valor. Para tener valor tienes que trabajar en ti mismo al hacer conocer la historia, qué es lo que quieres decir, pensar sobre ello. No me refiero a aprenderlo de memoria, sino dilucidar cómo puedes expresarlo mejor. Eso es trabajar para prepararte para presentarlo a las personas. La presentación es trabajar en uno mismo. Creces cuando lo haces.

Trabajas en ti mismo para crecer, y la mejor manera de crecer es crecer en la vida. Realiza un servicio en el mundo y creces. No puedes evitarlo. Cuando permaneces en tu casa leyendo libros, no estás realmente trabajando en ti mismo. Ese es el camino de salida. Nunca avanzarás si sólo dependes de libros, incluso de los libros de Alice Bailey.

De todas formas las personas no leen correctamente los libros, y leen demasiados, incluso los míos. (No, no puedes leer demasiados de mis libros, ¡eso fue sólo un desliz!) Pero si los lees correctamente, verás que digo en los libros exactamente lo que estoy diciendo ahora. Cambias haciendo cosas, realmente trabajando en ti mismo. No es una actividad separada de contar al mundo sobre Maitreya. Si dices cuál es la cosa más importante para ti, bueno, la venida de Maitreya. Él es el Cristo. Él es un gran Avatar. Él ha venido a cambiar el mundo a través de ti. ¿Cómo puede Él cambiar el mundo a través de ti si simplemente estás 'trabajando en ti mismo' tomando café mientras tanto, leyendo a Alice Bailey?

P. Usted ha dicho que la complacencia es la raíz de todos los problemas. ¿Cómo deberíamos ocuparnos de la complacencia en nosotros mismos y en otros?

R. Sólo puedes ocuparte de la complacencia en ti mismo, librarte de ella. Es un defecto de carácter, un sentido de separación que debemos intentar superar. En otras personas, todo lo que puedes hacer es persuadir, decirlo, si es una complacencia que afecta profundamente al mundo en su conjunto. Si es a una escala mucho más pequeña, algo individual, porque existen pocas personas que no sean complacientes en cierto grado, debemos dejarlas para que superen su propia complacencia.

Es un profundo espejismo fruto de la ignorancia del hecho de que no existe separación en el mundo. No existe separación entre el átomo más pequeño y cualquier otro átomo en todo el universo manifestado. Cada alma, y cada uno de nosotros es un alma en encarnación, está relacionada con todas las demás almas del Cosmos.

Así que todo lo que tienes que hacer es ocuparte de tu propia complacencia, si la reconoces. Si no la reconoces entonces no puedes ser libre, no puedes ayudar al mundo porque podrías ser demasiado complaciente incluso para ver las necesidades. Maitreya considera la complacencia, no el dinero, 'la fuente de todo mal'. El dinero es simplemente una energía impersonal y las energías pueden utilizarse para bien o para mal. Puedes utilizarla para bien a una escala amplia y general, o puedes acapararla e intentar aumentarla para ti y para legarla a tus hijos y esperar que ellos se la leguen a los suyos.

Todo es un gran espejismo causado por el temor. Debido a que las personas temen, se vuelven complacientes. Son demasiado temerosas para afrontar las responsabilidades y el verdadero propósito y significado de la vida, así que se vuelven complacientes. Se olvidan de las demás personas. No piensan que están conectadas de alguna forma con las personas al otro lado de los mares, personas que no conocen, con diferentes colores de piel y diferentes religiones.

Eso es lo que hace complacientes a las personas. Es una conveniencia. La complacencia te libra de tu verdadera responsabilidad humana. Te has encarnado como un Ser responsable. El bebé es más responsable, inicialmente, que el adulto complaciente. Los bebés vienen como almas. Vienen con un propósito, normalmente varios propósitos, y con el propósito fundamental: la creación de correctas relaciones humanas.

El alma no puede crear correctas relaciones humanas si su reflejo, la personalidad, es complaciente. La complacencia es sencillamente una forma de quedarse al margen y no realizar ningún esfuerzo por incluir al mundo, y sólo puedes hacerlo cuando hayas amasado algo de dinero, un poco de confort, un poco de 'seguridad'. Entonces puedes bañarte en esto y esperar que el mundo se aleje y te deje tranquilo y no te incordie. La complacencia es no querer ser incordiado por el conocimiento de aquellos que son lamentablemente más desafortunados que uno mismo.

P. Hablamos de confianza y de saber que todo irá bien. Se hicieron varios comentarios sobre cómo la complacencia entra a hurtadillas. ¿Podría por favor comentar sobre el equilibrio entre confianza, y no obstante tener que realizar el trabajo?

R. La confianza no tiene nada que ver con la complacencia. La complacencia es el resultado del temor. La confianza es el resultado de la convicción. Esa convicción surgida de la confianza de saber lo que es, de que tu alma te está diciendo lo que es cierto, de que esto es creíble, que puedes confiar en ello. Maitreya y los Maestros dicen: "Tened confianza, todo irá bien, todas las cosas irán bien". No obstante, ellos no esperan que te sientes, por tanto, y no hagas nada, te vuelvas complaciente.

Tienes que comprender lo que es la confianza. La confianza es una convicción. Es una convicción que esto será así, que todo irá bien, por ejemplo, y con el tiempo lo hará. Significa decir que mientras tanto simplemente te sientas y te vuelves complaciente y dices: "Bueno, no me preocupa, no me importa que existan millones de personas padeciendo hambruna en el mundo o que una minúscula fracción de personas sepan sobre Maitreya, y que podría hacer algo para que sean más, ¿pero para qué? Todo irá bien". Eso es complacencia, pero no es confianza. Son diferentes.

Cuando un Maestro dice "Todo irá bien", Él quiere decir eso y lo dice para quitar el temor. El temor impide la acción y si tienes la convicción de que todo irá bien, puedes trabajar libre del temor que inhibe tu acción. No significa que no tengas que actuar para nada, todo lo contrario. Cuanta más confianza tienes y estés libre de temor, más útil y de mayor escala podrá ser tu acción.

La confianza y la complacencia están a kilómetros de distancia. Si confías, no puedes ser complaciente. Si eres complaciente, entonces no confías.

P. ¿Podría ampliar sobre la cuestión de cómo se cerrará la brecha entre las personas 'normales y corrientes' y los discípulos en el mundo, del artículo del Maestro 'Paso a Paso' en el ejemplar de Octubre de 2007 de _Share International_?

R. Lo que el Maestro quiso decir en conexión con esto es que debido a que Maitreya y los Maestros trabajarán abiertamente en el mundo –enseñando, contestando preguntas de los medios de comunicación, etcétera, enseñando a personas 'normales y corrientes' que asisten a reuniones, que oyen radio y ven televisión–, Ellos darán a las personas una comprensión de los aspectos fundamentales más simples de las enseñanzas de la Sabiduría Eterna, y al hacerlo, reducirán la brecha que existe ahora entre el hombre y la mujer medio de la calle que no lee Alice Bailey o Blavatsky, y las personas que lo hacen.

Actualmente, existe una brecha entre aquellos que han leído, hasta cierto límite, algunas partes de las enseñanzas esotéricas, y las personas 'normales y corrientes' que no lo han hecho. Esto hace difícil a esos discípulos hablar y ser comprendidos por el hombre medio de la calle. El intento es reducir esta brecha con un acercamiento de los Maestros mismos, a un nivel relativamente simple, a esta actividad que ha sido realizada hasta ahora por los discípulos. A mi entender es un giro muy deseado para el conocimiento por parte de la humanidad en general de las leyes esotéricas, que son la base misma de nuestra vida.

Hoy, el hombre o mujer medio de la calle (debido quizás a la influencia del 5º rayo), en la civilización moderna occidental, es proclive a no reconocer o aceptar la existencia de cualquier cosa que esté por encima del plano físico denso. Pero si eres un estudiante de la enseñanza de la Sabiduría Eterna, entonces sabes que ese es el punto de partida, el punto básico, que todo es relativo y que esa relatividad no tiene fin. Así que existe una conciencia siempre en expansión de lo que es.

Ahora, para cerrar la brecha entre el hombre de la calle y el estudiante medio de la enseñanza de la Sabiduría Eterna, los Maestros se están acercando al público directamente, Ellos mismos, con algunas de las enseñanzas esotéricas básicas. Esto inevitablemente creará un puente, reducirá la brecha, entre aquellos que hayan leído estas enseñanzas y que trabajan hasta cierto límite con estas enseñanzas, y aquellos que no lo hayan hecho.

Los Eventos Esperados

Presente y Futuro Cercano

P. Existe un fragmento extraordinario en *Los Rayos y las Iniciaciones*, Segunda Parte, de Alice A. Bailey, que fue escrito en 1947 pero parece hablar mucho sobre la actual situación mundial. El Maestro DK dice: "La actual tensión del mundo, particularmente de la Jerarquía, es de tal naturaleza que producirá otra y quizás final crisis mundial, o sino una aceleración de la vida espiritual del planeta que acelerará extraordinariamente el tan esperado establecimiento de las condiciones de la nueva era… El egoísmo de Estados Unidos se debe también a su juventud, pero eventualmente cederá su lugar a la experiencia y al sufrimiento; hay –afortunadamente para el alma de este gran pueblo– mucho sufrimiento reservado para Estados Unidos… Estados Unidos, Gran Bretaña, Rusia y también Francia, tienen en sus manos el destino del discípulo mundial, la Humanidad, la cual ha pasado por las pruebas preparatorias de la primera iniciación; pruebas muy duras y crueles que aún no han terminado. Los Señores del Karma (cuatro en número) actúan hoy por intermedio de estas cuatro Grandes Potencias. Es, no obstante, un karma que busca liberar, como lo hace todo karma. En la crisis venidera podría obtenerse una verdadera visión, una nueva liberación y un horizonte espiritual más amplio. La crisis, si se la maneja correctamente, no debería volver a alcanzar el horror culminante… Los judíos [Editor: i.e. Sionistas] han abierto parcialmente la puerta a las Fuerzas del Mal que actuaron originalmente por intermedio de Hitler y sus malvados secuaces. No se ha logrado "sellar" exitosamente esa puerta y sería sabio descubrir esto a tiempo. Estas Fuerzas del Mal actúan por intermedio de un triángulo maligno, un vértice se encuentra en el Movimiento Sionista, en los Estados Unidos, otro en Europa Central y el tercero en Palestina [Editor: ahora Israel]… En los mapas que figuran en los Archivos de la Jerarquía espiritual, toda la zona de Oriente Próximo y Europa –Grecia, Yugoslavia, Turquía, Palestina, los Estados Árabes, Egipto y Rusia– está bajo una densa nube adumbrante. ¿Puede esa nube disiparse con el pensamiento correcto y la planificación de Gran Bretaña, Estados Unidos, y la mayoría de las Naciones Unidas, o se precipitará desastrosamente sobre el mundo?" (pág 353-355)

(1) ¿Todavía queda por tener lugar esta "crisis mundial final", (2) estamos actualmente en ella o en sus comienzos, o (3) ha sido mitigada por los rápidos cambios evolutivos durante la pasada mitad de siglo?

R. (1) No. (2) Estamos en sus comienzos. (3) Ha sido mitigada hasta cierto punto.

P. (1) ¿Fue la "crisis venidera" la Guerra Fría y su amenaza nuclear? (2) ¿Podría tratarse también de la actual crisis económica mundial?

R. (1) Sí. (2) Sí.

P. (1) ¿El "mucho sufrimiento reservado para Estados Unidos" se refiere al remordimiento por la Guerra contra Irak y/o (2) otras aventuras bélicas, o (3) los efectos de un derrumbe económico?

R. (1) No remordimiento sino los efectos de la acción unilateral y el rechazo del imperio de la ley de Naciones Unidas. (2) Sí. (3) Sí.

P. Cada día salen más evidencias a la luz de que Estados Unidos, a través de agencias como la CIA, intimidan a otros países y manipulan sus asuntos soberanos (tales como las elecciones) para el beneficio de EEUU. (1) ¿Siempre ha sido así, y ahora estamos viendo salir a la superficie la corrupción, como predijo Maitreya? O (2) ¿la actual Administración de EEUU ha llevado la corrupción política a nuevos límites?

R. Estados Unidos es un país joven, dominado como una personalidad por los aspectos inferiores del rayo 6 del idealismo o devoción. Por tanto sufre de todos los vicios del rayo: devoción a sus propios intereses, sospecha de los motivos de los demás, combatividad y seguridad en uno mismo, autoengaño sobre sus propios motivos, etc., etc. Así sus tácticas intimidatorias son endémicas y antiguas. Sus habitantes y gobiernos creen que están extendiendo Libertad y Justicia en todo el mundo, mientras que en realidad están sirviendo sus propios intereses. Este autoengaño es una de las principales características del rayo. Esta corrupción política, por tanto, siempre ha estado presente; esta Administración, liderada por fundamentalistas extremistas, está simplemente llevándola hasta nuevas cotas. El mundo, como el Maestro Djwhal Khul escribió a través de Alice Bailey, espera a que el rayo 2 del alma de Norteamérica se exprese, como lo hizo a través del Plan Marshall después de la Segunda Guerra Mundial.

P. Hace unos meses en *Share International* se dijo que Maitreya se refirió a "tiempos difíciles" futuros. ¿A qué se estaba refiriendo? ¿Aludía a la situación mundial actual?

R. Él se refería a dificultades económicas.

P. Me quedé conmocionado de oírle mencionar a Israel como un punto del mal. ¿A qué se refiere?

R. Estoy sorprendido de que la persona que formula la pregunta se haya conmocionado, dada la dura opresión del pueblo palestino a manos de Israel. Israel justifica su acción como parte de la 'guerra contra el terrorismo' como la defiende Bush, que atacó Irak, que no era terrorista y ciertamente tampoco una amenaza para EEUU. Después de la derrota de las fuerzas de Eje a manos de los Aliados en 1945, las 'fuerzas del mal', como las denominamos –'los Señores de la Materialidad' como son conocidos por la Jerarquía de la Luz– fueron gradualmente sellados en su propio dominio: el mantenimiento del aspecto Materia del planeta. Con la creación del estado de Israel, en 1948, por la acción terrorista contra el Mandato Británico y el pueblo de Palestina, fue, según el Maestro DK, "como si las fuerzas del mal hubieran puesto un pie en la puerta nuevamente". Israel es el punto central de un triángulo del mal que trabaja a través de Israel, el Pentágono en EEUU y de ciertos estados de Europa del Este.

Lo que estamos presenciando actualmente es una explosión de esta fuerza del mal que debe ser contrarrestada y resuelta por la humanidad con la ayuda de la Jerarquía de Luz –Maitreya y Su grupo de Maestros de Sabiduría.

P. Hay un fragmento interesante en el libro de Alice Bailey *La Exteriorización de la Jerarquía* (pág. 580, versión inglesa). Alice Bailey se refiere al "ajustador de las finanzas", un discípulo avanzado de la Jerarquía Espiritual que se volverá activo después de que el principio de trueque e intercambio (i.e. compartir) se haya comenzado a adoptar en el mundo. (1) ¿Se refiere esto a un ajuste del mercado global, el sistema monetario global, o ambos? (2) ¿Está el "ajustador de las finanzas" trabajando activamente ahora? (3) ¿Trabajará el ajustador a través de Naciones Unidas? (4) ¿Estará el ajustador a cargo de un consejo u organismo especial creado por la comunidad internacional para expresar el propósito de realizar este ajuste?

R. (1) Ambas cosas. (2) No. (3) Sí. (4) Sí.

P. Podría comentar por favor sobre la importancia de contar con terrenos e instalaciones de propiedad pública especialmente en zonas públicas en el tiempo futuro. Y especialmente en relación a las prioridades de Maitreya y al arte de vivir.

R. Todas las ciudades necesitan terreno de propiedad pública libre de edificios o sin muchos edificios. Una de las prioridades futuras de Maitreya, sobre la que mi Maestro escribió, es el embellecimiento de nuestras ciudades. Eso debe incluir la creación de muchos más jardines de los que tienen la mayoría de las ciudades actualmente, para el ocio, para el esparcimiento, para sentarse sencillamente en el sol y observar las mariposas. O terrenos para los templos u objetos de poder que se construirán en ciertos espacios abiertos que crearán equilibrio y energía residual para esa zona de la ciudad o población. Es el estudio, por tanto, de las propiedades energéticas de las formas como el tetraedro o la pirámide, que poseen propiedades energéticas simplemente por su forma. El poder de la forma es otro término para ello. Existen muchas formas de poder que, cuando se alinean, serán utilizadas para cambiar el clima y beneficiar la calidad del aire de las ciudades de todo el mundo.

P. ¿Qué clase de futuro percibe usted para Norteamérica en las próximas dos décadas?

R. Si suficientes personas aceptan rápidamente los cambios que Maitreya pedirá, podemos transformar la vida en Norteamérica y en el resto del mundo muy pronto. Una vez que la idea del compartir y la justicia capte la imaginación, cuando las personas vean el simple sentido común del compartir creando justicia y por tanto paz, como la única forma para crear paz y acabar con el terrorismo y la guerra, entonces millones de personas se unirán a las filas alrededor de Maitreya.

No tenéis idea de cuán elocuente es Maitreya, cuán simple y versado, con una mente afilada como una navaja y que puede iluminar cualquier problema. Su amor y sabiduría son infinitos, el amor de Dios y la sabiduría de todas las eras. Su capacidad de entrar en los corazones de todos y liberar Su energía de amor es la espada que Él empuña para cambiar el mundo. La Espada de la División es la energía del Amor.

Al responder las personas a esta energía, el mundo se dividirá, entre aquellos que clamarán por los cambios en línea con lo que Maitreya defiende, y entre aquellos que temen y miran al pasado, que le ven como el Anticristo y temen y no saben lo que hacer. Ellos se quedarán a un lado y observarán los acontecimientos, y así perderán la oportunidad presentada por primera vez en la historia de tomar parte en la transformación del mundo. Incumbe a cada individuo, desde su postura, aseverar su divinidad.

Maitreya está hablando de compartir, de justicia, de libertad, de correctas relaciones. Todos son principios divinos. Libertad, justicia y correctas relaciones son la base de la vida y crean correctas relaciones entre personas y entre naciones.

Es la competencia la que conduce a la guerra e impide que las correctas relaciones humanas evolucionen. La creación de correctas relaciones humanas es el próximo paso adelante en nuestra evolución. Cuando tienes eso, tiene el comienzo de una vida realmente divina. El primer paso hacia compartir, dice Maitreya, es el primer paso hacia tu divinidad. ¿Qué puede ser más simple y cierto?

P. Es maravilloso que la luz esté empezando poco a poco a iluminar este planeta a pesar de los problemas a los que sigue enfrentándose. Mi pregunta es: oigo decir constantemente en varias fuentes sobre desastres inminentes, calamidades, y todo tipo de desagracias que ocurrirán en este planeta por culpa de algún objeto interestelar o fuerzas dentro de la Tierra. ¿Cabe esperar un cambio de los polos o que un objeto planetario colisione con la Tierra, o pretenden estas afirmaciones sólo infundar miedo en quienes son fácilmente influenciables por la logia negra?

R. Estas predicciones de pesimismo son en gran medida el resultado del miedo que siente todo el mundo cuando no son las creaciones deliberadas de esas fuerzas infames que siempre buscan mantener cautiva a la humanidad. Habrá realmente un cambio climático, alteraciones y dificultades en muchas partes del mundo, pero no los exagerados presagios de catástrofes y desastres.

Casi parecería que no podemos tener suficiente desastre para satisfacer los requisitos emocionales de algunas personas. Los medios de comunicación desempeñan una parte muy importante en la diseminación de este síndrome de catástrofe por sus reportajes sensacionalistas. Debe ser bueno para las ventas de los periódicos y revistas. El cambio siempre es difícil para las personas, tanto si son pequeños cambios o grandes cambios. Los cambios del tipo que están transformando el mundo son especialmente perturbadores para muchas personas. Lo que ellas no conocen es el poder de Maitreya el Cristo e Instructor del Mundo, que está ahora físicamente presente entre nosotros, junto a un gran grupo de Sus discípulos. Sus energías están inspirando lo mejor de la humanidad para realizar e implementar estos cambios. Como dijo Maitreya: "No temáis. El final es conocido desde el principio. Todo irá bien. Todas las cosas irán bien."

P. ¿Piensa Maitreya que nosotros cambiaremos el mundo incluso si somos egoístas y competitivos?

R. Sí. No todos son egoístas y competitivos. Probablemente la mayoría de personas son parcialmente egoístas y parcialmente altruistas. Las personas son una mezcla, no cien por ciento esto o aquello. Hay grados de egoísmo y altruismo. Existe un gran grupo de personas que están preparadas para una acción desinteresada, preparadas para ver justicia en el mundo y por tanto compartir.

En 1924 Maitreya dijo, en los libros de Agni Yoga, que hubo un tiempo en el cual 10 hombres auténticos podían salvar el mundo. Luego vino un tiempo en el que 10.000 no eran suficientes. Él convocará a 1.000 millones."

Hace unos cinco o seis años, pregunté a mi Maestro si Maitreya ya contaba con Sus mil millones. Sí, se me dijo, Maitreya podía recurrir a 1.500 millones de personas. Así que eran 1.500 millones de personas de las 6.500 millones del mundo –personas que Él sabía que eran de buena voluntad; preparados para cambiar, altruistas y listos para ver nuevas estructuras y nuevas formas de vivir. Ahora (en el 2006) existen 1.800 millones de personas que Él puede convocar, más que suficiente.

Además, no tenemos alternativa. Si os ofrezco la vida o la muerte –¿qué escogeréis? Maitreya dirá: "Tenéis una elección. Escoged la vida, si sois sensibles, y cread una civilización brillante y dorada, mejor que cualquier cosa que el mundo haya visto nunca. O afrontad la aniquilación." ¿Cuál escogeréis?

Nunca ha habido un Avatar, un Instructor, de tal potencia como Maitreya. No temáis. El Mundo cambiará rápidamente de ser codicioso y egoísta a mostrar la verdadera cualidad de la humanidad.

Desde el punto de vista de Maitreya la humanidad es maravillosa. Maitreya ama a la humanidad. No sólo porque Él es el Señor del Amor –que es la razón de ser capaz de amar a la humanidad– a pesar de toda nuestra codicia y egoísmo. Sino que Él también ve la luz de la divinidad en la humanidad. Él es el líder del reino de las almas. Él ve el alma de la humanidad y esa alma está en cada ser humano individual. No importa cuán egoístas u odiosos podríamos parecer, Él ve esa luz de la divinidad en nosotros, y en eso podéis confiar.

Mensaje de Maitreya

"Mis amigos, estoy más cerca de vosotros de lo que podéis pensar. Mi corazón late paso a paso con el vuestro. Mi corazón llora por el sufrimiento de tantos. No obstante yo sé que los corazones de aquellos que ahora me escuchan están abiertos y dispuestos para ayudar. No temáis amigos míos. Dad valerosa y dispuestamente para ayudar a todo aquel en necesidad. Cuando hacéis esto, entráis en esa área de la divinidad de la cual procedéis. Ésta es la acción de la divinidad misma.

Así amigos míos, no esperéis más para la manifestación de los grandes cambios que han de venir. Hacedlos realidad con vuestras acciones.

Pensad con amplitud. Pensad que vuestros hermanos y hermanas sois vosotros, lo mismo en todo el mundo. Haced esto amigos míos y vedme muy pronto.

Mi corazón os abraza a todos."

*[Este mensaje fue dado por Maitreya, telepáticamente a través de Benjamin Creme, al final de su entrevista en **Radio Ici & Maintenant**, París, Francia, el 6 de Abril del 2006]*

Los primeros pasos

Por el Maestro —, a través de Benjamin Creme

Cuando Maitreya aparezca ante el mundo las personas comprenderán que le han conocido desde antes, y que Su enseñanza no es extraña o más allá de su nivel de pensamiento. Sencillo, realmente, será Él para que todos puedan comprender.

Precisamente Su simplicidad asombrará. No obstante se descubrirá también que la mayoría de personas experimentarán lo que escuchan de una nueva forma, como una verdad brillante, nueva y que les toca a un nivel más profundo. Simples podrán ser las ideas, pero resonarán en los corazones de las personas y se percibirán frescas y vibrantes. Así será. Así Maitreya tocará los corazones de los hombres, apelando a ellos para que se ayuden a sí mismos ayudando a sus hermanos y hermanas en todo el mundo. Cuando los hombres le oigan ellos reflexionarán profundamente en lo que Él dice, y se sentirán extrañamente conmovidos por las sorprendentes palabras. Sus corazones responderán como nunca lo han hecho hasta ahora, y una nueva comprensión y urgencia potenciará su respuesta.

Así Maitreya impulsará a los pueblos del mundo a la acción y el cambio. Aquellos que se mantuvieron apartados se presentarán y se unirán al clamor por la justicia y el compartir, la libertad y la paz.

Muchos, por supuesto, ignorarán a Maitreya. Muchos encontrarán Sus ideas aborrecibles y peligrosas o utópicas e imposibles de alcanzar. Algunos, más siniestros y temerosos, verán en Él al anticristo, la personificación de todos sus temores. Muchos le crucificarían de inmediato si tuviesen el poder. Muchos se sentarán discretamente sobre la valla, incapaces de adoptar una postura, a favor o en contra.

Aquellos que pueden responder crecerán en número y alzarán sus voces por el compartir y la justicia. Ellos se reunirán a Su alrededor y le apoyarán, y le verán como su líder y mentor, instructor y guía.

Así se formará una poderosa masa de opinión pública mundial, pidiendo cambio. Cada vez más, los gobiernos encontrarán difícil resistirse a estas demandas del pueblo y se verán forzados a implementar algún grado de cambio.

El pueblo crecerá en poder y sus voces, potenciadas por Maitreya, crecerán en fortaleza y claridad de demanda. Ellos pedirán que su Portavoz hable al mundo y se creará el marco para el Día de la Declaración, el primer día del Nuevo Amanecer.

El Día de la Declaración, en el cual, por primera vez, Maitreya reconocerá Su verdadera estatura y nombre, destacará, a través de la historia, como el punto decisivo en la evolución de la humanidad. Se inscribirá en los anales como el Día de los Días, el Comienzo de lo Nuevo, la Santificación de la Humanidad, el Portal hacia el glorioso futuro que espera a la humanidad. Ese día no está lejos.

Noviembre 2006

El Hijo del Hombre

Por el Maestro —, a través de Benjamin Creme

Muchas personas esperan el regreso del Cristo con turbación y temor. Sienten que Su aparición fomentará grandes cambios en todos los departamentos de la vida. Con razón suponen que Sus valores alterarán necesariamente sus formas de pensar y vivir y palidecen ante semejante perspectiva. Además, tan mística ha sido la visión del Cristo presentada a lo largo de los siglos por las iglesias, que muchos temen Su juicio y poder omnipotente; Le esperan como a Dios venido a castigar a los malvados y recompensar a los creyentes.

Es muy triste y lamentable que una visión del Cristo tan deformada haya impregnado la conciencia humana a tal extremo. No existe semejante ser. Para comprender la verdadera naturaleza del Cristo es necesario verle como uno entre Hijos iguales de Dios, cada uno dotado con pleno potencial divino, diferenciándose únicamente en el grado de manifestación de esa divinidad.

Que Él haya logrado la plenitud de esa divinidad es Su Gloria, y muy bien podemos mostrar nuestra reverencia ante este logro. También es indiscutiblemente cierto que este mismo logro es realmente inusual. Pero lo maravilloso del Cristo para los hombres es que Él fue uno de ellos. No hay nada, en las pruebas y sufrimientos de los hombres, que Él no haya conocido. Cada paso del sendero que los hombres todavía recorren, Él dolorosamente lo ha pisado. No hay nada, en el completo panorama de la experiencia humana, que Él no haya compartido. Así en verdad Él es el Hijo del Hombre.

Pocas dudas puede haber de que si Él apareciese entre nosotros sin ser anunciado, pocos Le reconocerían. Tan lejos está Él del concepto general que pasaría desapercibido entre la multitud. Así es hoy entre Sus hermanos mientras Él espera la invitación del hombre para comenzar Su misión. Muchos que Le ven a diario no Le conocen. Otros Le reconocen pero tienen miedo de hablar. Mientras otros esperan y rezan, con la esperanza de que sea Aquel al que no se atreven a esperar. Solamente Su Declaración ante el mundo Le situará ante la mirada y los corazones de los hombres.

Mientras esperamos ese Día de Días, aclaremos en nuestras mentes las razones de Su regreso. Comprendamos la naturaleza de la labor que Él mismo se ha fijado. Para establecer entre nosotros la realidad de Dios, Él ha venido. Para recrear los Misterios Divinos, Él está aquí. Para enseñar a los hombres cómo amar, y amar nuevamente, Él está entre nosotros. Para establecer la fraternidad del hombre, camina una vez más sobre la Tierra. Para mantener la fe con el Padre y con el hombre, Él acepta esta carga. Para anunciar la nueva era, Él ha vuelto. Para consolidar el tesoro del pasado, para inspirar las maravillas del futuro, para glorificar a Dios y al hombre, Él ha descendido de Su alta montaña.

Consideremos Sus prioridades: el establecimiento de la paz; la inauguración del sistema de compartir; la eliminación de la culpabilidad y el temor – la purificación de los corazones y mentes de los hombres; la educación de la humanidad en las leyes de la vida y el amor; una introducción a los Misterios; el embellecimiento de nuestras ciudades; la eliminación de los obstáculos para viajar y para el intercambio entre los pueblos; la creación de un fondo de conocimiento accesible para todos.

Que semejante labor no es fácil, ni siquiera para el Hijo del Hombre, es evidente. Las antiguas costumbres de división y separación tienen fuertes raíces, mientras que el miedo y la superstición hechizan a millones de la humanidad. Pero nunca antes, en la historia del mundo, ha venido un Instructor mejor equipado para Su labor. Maitreya ha venido para luchar contra la ignorancia y el temor, la división y la necesidad. Sus armas son la comprensión espiritual, el conocimiento y el amor; Su brillante armadura es la Verdad misma.

Junio 1984

[Los lectores pueden consultar el comentario de Benjamin Creme sobre este artículo en 'Las Prioridades de Maitreya' publicado en *La Misión de Maitreya, Tomo III*, Capítulo 1.]

Patrones de Luz

Patrones de luz en los Almacenes Tokyu en Sapporo, Hokkaido, Japón

Patrones de luz en un edificio del centro de Split, Croacia (Foto: Vlatka Baksa)

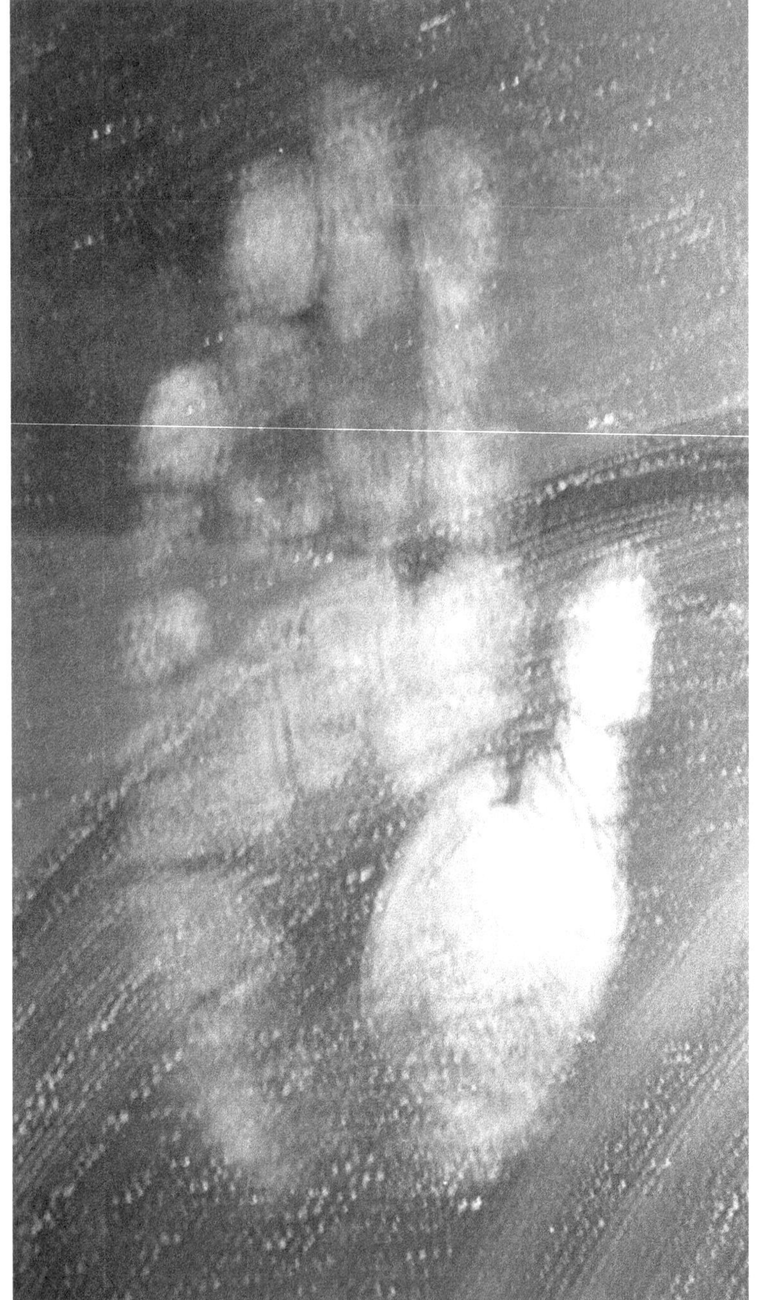

La 'Mano' de Maitreya

Esta foto muestra la huella de la mano de Maitreya, manifestada milagrosamente en el espejo de un lavabo en Barcelona, España. No es simplemente una huella de mano sino una imagen tridimensional con detalle fotográfico.

Publicada por primera vez en la revista *Share International* (Octubre 2001), la 'Mano' es un medio para invocar las energías curativas y ayuda de Maitreya. Colocando la mano propia sobre ella, o simplemente mirándola, la curación y ayuda de Maitreya puede invocarse (sujeto a la Ley Kármica). Hasta que Maitreya emerja abiertamente, y veamos Su rostro, es lo más cerca que Él puede venir hasta nosotros.

"Mi ayuda está a vuestra disposición, sólo tenéis que pedirla."

Maitreya, el Instructor del Mundo, del Mensaje Nº 49

Meditación de Transmisión

— Una breve introducción —

Una meditación grupal que proporciona tanto un servicio dinámico al mundo como un poderoso desarrollo espiritual y personal.

La Meditación de Transmisión es una meditación grupal establecida para distribuir mejor las energías espirituales de sus custodios, los Maestros de Sabiduría, nuestra Jerarquía Espiritual planetaria. Es un medio de "reducir" (transformar) estas energías para que se vuelvan más asequibles y útiles para el público en general. Es la creación, en cooperación con la Jerarquía de Maestros, de un vórtice o depósito de energía elevada para el beneficio de la humanidad.

En marzo de 1974, bajo la dirección de su Maestro, Benjamin Creme formó el primer grupo de Meditación de Transmisión en Londres. Actualmente existen cientos de grupos de Meditación de Transmisión en todo el mundo y se forman grupos nuevos todo el tiempo.

Los grupos de Meditación de Transmisión proporcionan un enlace por el cual la Jerarquía puede responder a la necesidad del mundo. El motivo principal de este trabajo es el servicio, pero también constituye un poderoso método de crecimiento personal. Muchas personas están buscando formas de mejorar el mundo. Este deseo de servir puede ser poderoso, pero difícil de cumplir, en nuestras ajetreadas vidas. Nuestra alma necesita de un medio por el cual servir, pero no siempre respondemos a su llamada, y así producimos desequilibrio y conflicto en nuestro interior. La Meditación de Transmisión proporciona una oportunidad única para servir de una forma potente y totalmente científica con el mínimo de inversión de tiempo y energía.

Benjamin Creme realiza talleres de Meditación de Transmisión en todo el mundo. Durante la meditación él es adumbrado por Maitreya, el Instructor del Mundo, lo que permite a Maitreya conferir nutrición espiritual a los participantes. Muchas personas se inspiran para comenzar a practicar la Meditación de Transmisión después de asistir a tales talleres, y muchos reconocen haber recibido curación durante el proceso.

[Véase *Transmisión: Una Meditación para la Nueva Era* de Benjamin Creme, Share Ediciones]

La Gran Invocación

Desde el punto de Luz en la Mente de Dios
Que afluya luz a las mentes de los hombres.
Que la Luz descienda a la Tierra.

Desde el punto de Amor en el Corazón de Dios
Que afluya amor a los corazones de los hombres.
Que Cristo retorne a la Tierra.

Desde el centro donde Voluntad de Dios es conocida
Que el propósito guíe a las pequeñas voluntades de los hombres—
El Propósito que los Maestros conocen y sirven.

Desde el centro que llamamos la raza de los hombres
Que se realice el Plan de Amor y de Luz
Y selle la puerta donde se halla el mal.

Que la Luz, el Amor y el Poder restablezcan el Plan en la Tierra.

La Gran Invocación, utilizada por el Cristo por primera vez en Junio de 1945, fue dada por Él a la humanidad para facultar al hombre a invocar las energías que podrían cambiar nuestro mundo y hacer posible el retorno del Cristo y la Jerarquía. Esta Oración Mundial, traducida a muchos idiomas, no está patrocinada por ningún grupo o secta. Es utilizada a diario por hombres y mujeres de buena voluntad que desean lograr correctas relaciones en toda la humanidad.

La Oración para la Nueva Era

Yo soy el Creador del Universo.

Yo soy el Padre y la Madre del Universo.

Todo viene de Mí.

Todo regresará a Mí.

Mente, Espíritu y Cuerpo son Mis Templos,

Para que el Ser realice en ellos

Mi Supremo Ser y Devenir.

La Oración para la Nueva Era, dada por Maitreya, el Instructor del Mundo, es un gran mantram o afirmación con un efecto invocativo. Será una herramienta poderosa en nuestro reconocimiento de que el hombre y Dios son Uno, de que no hay separación. El 'Yo' es el Principio Divino detrás de toda creación. El Ser emana del Principio Divino y es idéntico a él.

La forma más efectiva de utilizar este mantram es decir o pensar el texto con la voluntad enfocada, mientras se mantiene la atención en el centro ajna en el entrecejo. Cuando la mente comprende el significado de los conceptos, y se ejerce la voluntad simultáneamente, estos conceptos serán activados y el mantram funcionará. Si se dice sinceramente cada día, crecerá en ti una comprensión de tu verdadero Ser.

(Publicada por primera vez en *Share International*, Septiembre 1988.)

Glosario de Términos Esotéricos

Acuario – Astronómicamente, la era de Acuario, comienza ahora y durará 2.350-2.500 años. Esotéricamente, se refiere al Portador de Agua, la era de Maitreya, y a la energía espiritual de Acuario: la de síntesis y fraternidad.

Adumbramiento – Un proceso voluntario cooperativo por el cual la conciencia de un Maestro entra y trabaja temporalmente a través de los cuerpos físico, emocional y mental de un discípulo.

Alma (Ego, Ser Superior, gobernante interior, Cristo interior, Hijo de la Mente, Angel Solar) – El principio vinculante entre Espíritu y materia, entre Dios y Su forma. Proporciona conciencia, carácter y cualidad a toda manifestación en la forma.

Antahkarana – Un canal invisible de luz formando un puente entre el cerebro físico y el alma, construido a través de la meditación y el servicio.

Anticristo – Energía del aspecto voluntad de Dios, en su fase involutiva, que destruye las viejas formas y relaciones, por ejemplo al final de una era, para preparar el camino para las fuerzas constructivas del Principio Crístico. Manifestado en tiempos romanos a traves del emperador Nerón y en tiempos modernos a través de Hitler y seis de sus colaboradores.

Ashram – Un grupo de un Maestro. En la Jerarquía Espiritual existen 40 ashrams, siete principales y 42 subsidiarios, cada uno liderado por un Maestro de Sabiduría.

Átomos permanentes – Los tres átomos de materia –física, astral y mental– alrededor de los cuales se forman los cuerpos para una nueva encarnación. Ellos retienen la frecuencia vibratoria del individuo en el momento de la muerte, garantizando que el 'status' energético evolutivo así alcanzado se traslade a las vidas sucesivas.

Avatar – Un Ser espiritual que 'desciende' en respuesta a la llamada y necesidad de la humanidad. Existen avatares humanos, planetarios y cósmicos. Los últimos se les denomina 'Encarnaciones Divinas'. Sus enseñanzas, correctamente comprendidas y gradualmente aplicadas por la humanidad, expanden nuestra comprensión y presentan el siguiente paso adelante en el desarrollo evolutivo de la humanidad.

Avatar de Síntesis – Un gran Ser cósmico que encarna las energías de Voluntad, Amor, Inteligencia y otra energía para la cuál aún no tenemos nombre. Desde la década de 1940 Él ha estado enviando estas energías al mundo, gradualmente transformando la división en unidad.

Buddha – El último Avatar de la era de Aries. Anterior Instructor del Mundo que se manifestó a través del Príncipe Gautama alrededor del año 500 a.C. La Encarnación de la Sabiduría, Él actualmente actúa como el 'Intermediario Divino' entre Shamballa y la Jerarquía. Los budistas esperan a su próximo gran instructor bajo el nombre de Maitreya Buddha.

Buddhi – El alma o mente universal; razón superior; comprensión amorosa; amor-sabiduría. La energía del amor como los Maestros la experimentan.

Centro Ajna – El centro de energía (chakra) entre las cejas. Centro director de la personalidad. Su correspondencia a nivel físico es la glándula pituitaria.

Chakras – Centros (vórtices) de energía en el cuerpo etérico relacionados a la columna vertebral y las siete glándulas endocrinas más importantes. Responsables de la coordinación y vitalización de todos los cuerpos (mental, astral y físico) y su correlación con el alma, el principal centro de conciencia. Existen siete chakras mayores y 42 menores.

Conciencia Crística – La energía del Cristo Cósmico, también conocida como el Principio Crístico. Encarnado para nosotros por el Cristo, está actualmente despertándose en los corazones de millones de personas de todo el mundo. La energía de evolución per se.

Cristo – Un término utilizado para designar al líder de la Jerarquía Espiritual; el Instructor del Mundo; el Maestro de todos los Maestros. El puesto actualmente ocupado por el Señor Maitreya.

Cuerpo astral – El vehículo emocional de un individuo.

Cuerpo causal – El vehículo de expresión del alma en el plano causal. El receptáculo donde la conciencia del punto de desarrollo evolutivo de uno se almacena.

Cuerpo etérico – La contraparte energética del cuerpo físico, compuesta de siete centros principales (chakras) y 42 centros menores, una red que conecta todos los centros, y de infinitesimalmente pequeños hilos de energía (nadis) que subyacen cada parte del sistema nervioso. Los bloqueos en el cuerpo etérico pueden dar lugar a enfermedades físicas.

Cuerpo mental – El vehículo de la personalidad en el plano mental.

Deva – Ser angelical o celestial perteneciente a un reino en la naturaleza que evoluciona paralelo a la humanidad, y que oscila desde elementales subhumanos hasta seres superhumanos de un nivel de un Logos planetario. Son los 'constructores activos', trabajando inteligentemente con la sustancia para crear todas las formas que vemos, incluyendo los cuerpos mental, emocional y físico de la humanidad.

Día de la Declaración – El día en el cual Maitreya se dará a conocer al mundo durante una emisión radiofónica y televisiva. Incluso aquellos que no estén escuchando o mirando escucharán Sus palabras telepáticamente en su propio idioma y, al mismo tiempo, tendrán lugar cientos de miles de curaciones espontáneas en todo el mundo. El comienzo de la misión abierta de Maitreya en el mundo.

Dios (ver también Logos) – El gran Ser Cósmico que enalma este planeta, encarnando todas las Leyes y todas las energías gobernadas por esas Leyes, que componen todo lo que vemos y no podemos ver.

Encarnación – Manifestación del alma como una personalidad triple, bajo la Ley del Renacimiento.

Energía – Desde el punto de vista esotérico, no existe nada sino energía en todo el universo manifestado. La energía vibra en diversas frecuencias, y la frecuencia específica determina la forma que la energía tomará. La energía puede ser influenciada y dirigida por el pensamiento.

Era – Ciclo mundial, aproximadamente 2.500 años, determinado por la relación de la Tierra, el Sol y las constelaciones de zodíaco.

Era de Piscis – El flujo de energía, que llega a nuestra vida planetaria desde la constelación de Piscis, ha estado condicionando al experiencia y civilización humanas durante dos mil años. Fue inaugurada por Jesús en Palestina y en su mejor faceta produce las cualidades de sensibilidad y sacrificio. La Era de Piscis está finalizando y la nueva era de Acuario ha comenzado.

Esoterismo – La filosofía del proceso evolutivo tanto del hombre como de los reinos inferiores de la naturaleza. La ciencia de la sabiduría acumulada de las eras. Presenta un explicación sistemática y detallada de la estructura energética del universo y del lugar del hombre en él. Describe las fuerzas e influencias que subyacen al mundo fenoménico. También, el proceso de ser conscientes y de gradualmente controlar estas fuerzas.

Espejismo – Ilusión en el plano astral. El estado cuando la mente queda velada por los impulsos emocionales generados en los niveles astrales, impidiendo al ojo de la mente distinguir claramente la realidad. Ejemplos: temor, autocompasión, crítica, desconfianza, petulancia, materialidad extrema.

Espíritu – Como lo utiliza Maitreya, un término que significa la suma total de todas las energías –la fuerza vital– que anima y vitaliza a un individuo. También utilizado, más esotéricamente, para describir a la Mónada que se refleja en el alma.

Espíritu de Paz o Equilibrio – Un Ser cósmico que asiste el trabajo de Maitreya adumbrándole con Su energía. Él trabaja estrechamente con la Ley de Acción y Reacción, para transformar las actuales condiciones caóticas en su estado opuesto en exacta proporción.

Espiritual – La cualidad de cualquier actividad que impulsa al ser humano hacia delante hacia alguna forma de desarrollo –físico, emocional, institucional, social– progresando de su estado actual.

Evolución – El proceso de espiritualización de la materia. El camino de regreso a la Fuente. La supresión de los velos del engaño y la ilusión al final conduce a la conciencia cósmica.

Fuerzas de la Luz (Fuerzas de la Evolución) – La Jerarquía Espiritual de nuestro planeta. El centro planetario de Amor-Sabiduría. Ver también Jerarquía Espiritual.

Fuerzas de la Oscuridad (Fuerzas del Mal, Fuerzas de la Materialidad) – Las fuerzas involutivas o materialistas que sostienen el aspecto materia del planeta. Cuando sobrepasan su papel e inciden sobre el progreso espiritual de la humanidad, se las conoce como 'mal'.

Gran Invocación – Una fórmula antigua, traducida por la Jerarquía para uso de la humanidad para invocar las energías que cambiarán nuestro mundo. Traducida en muchos idiomas, es utilizada a diario por millones de personas.

Gurú – Un instructor espiritual.

Hierofante – El Iniciador. El Cristo, en las primeras dos iniciaciones, o el Señor del Mundo, en la tercera iniciación y siguientes.

Hombre/Mujer – La manifestación física de una Mónada espiritual (o Ser), que es una chispa individual del Espíritu Uno (Dios).

Ilusión – Engaño en el plano mental. El alma, utilizando la mente presa del espejismo como su instrumento, obtiene una imagen distorsionada del mundo fenoménico.

Imán Mahdi – El profeta cuyo regreso es esperado por algunas sectas islámicas para que Él pueda completar el trabajo comenzado por Mahoma.

Iniciación – Un proceso voluntario por el cual tienen lugar etapas sucesivas y graduadas de unificación y alineación entre el hombre o mujer en encarnación, su alma y la Mónada divina o 'chispa de Dios'. Cada etapa confiere al iniciado una comprensión más profunda del significado y propósito del Plan de Dios, una conciencia despierta más completa de su parte en ese Plan, y una creciente capacidad de trabajar consciente e inteligentemente hacia su realización.

Instructor del Mundo – El líder de la Jerarquía Espiritual en cualquier ciclo dado. El Maestro de todos los Maestros. El puesto ocupado actualmente por el Señor Maitreya.

Involución – El proceso por el cual el espíritu desciende a la materia, su polo opuesto.

Jerarquía – Ver Jerarquía Espiritual.

Jerarquía Espiritual (Fraternidad Blanca, Sociedad de las Mentes Iluminadas) – El Reino de Dios, el Reino Espiritual o el Reino de las almas, constituido por los Maestros e iniciados de todos los grados y cuyo propósito es implementar el Plan de Dios. Centro planetario de Amor-Sabiduría.

Jesús – Un Maestro de Sabiduría y discípulo del Cristo, Maitreya. Permitió al Cristo trabajar a través Suyo durante el período desde Su bautismo hasta la crucifixión. En el futuro, Él desempeñará un importante papel para reinspirar y reorientar todo el campo de la religión cristiana. Como el Maestro Jesús, Él trabaja estrechamente con Maitreya, a menudo apareciéndose a personas (disfrazado).

Karma – Nombre oriental de la Ley de Causa y Efecto. La Ley básica que gobierna nuestra existencia en el sistema solar. Cada pensamiento que tenemos, cada acción que realizamos, pone en movimiento una causa. Las causas tienen efectos, que conforman nuestras vidas, para bien o para mal. Expresado en términos bíblicos: "Lo que siembras, cosecharás". En términos científicos: "Por cada acción existe una reacción igual y opuesta".

Krishna – Un gran Avatar que apareció alrededor del 3.000 a.C. y sirvió como el vehículo de manifestación del Señor Maitreya durante la era de Aries. Al demostrar la necesidad de controlar la naturaleza astral/emocional, Krishna abrió la puerta a la segunda iniciación. Los hindúes esperan una nueva encarnación de Krishna al final del Kali Yuga, la era de la oscuridad.

Ley de Causa y Efecto (Ley de Acción y Reacción) – Ver Karma.

Ley de Renacimiento – Ver Reencarnación.

Logos – Dios. El Ser Cósmico que enalma un planeta (Logos Planetario), un sistema solar (Logos Solar), una galaxia (Logos Galáctico) y así hasta el infinito.

Logos Planetario – Ser Divino que enalma un planeta.

Logos Solar – Ser Divino que enalma nuestro sistema solar.

Maestros de Sabiduría – Individuos que han tomado la quinta iniciación, habiendo pasado por todas las experiencias que la vida en este mundo ofrece y, en el proceso, habiendo adquirido una total maestría sobre ellos mismos y las leyes de la naturaleza. Custodios del Plan de evolución y de todas las energías que entran en este planeta que suscitan el cumplimiento del Plan.

Maestro Djwhal Khul (D.K.) – Uno de los Maestros de Sabiduría, conocido como el Tibetano, que dictó la última fase de las Enseñanzas de la Sabuduría Eterna a través de la discípula Alice A. Bailey. Él fue también el responsable del material de los libros de Helena Blavatsky, *La Doctrina Secreta* e *Isis sin Velo*.

Maitreya – El Instructor del Mundo para la era de Acuario. El Cristo y líder de la Jerarquía Espiritual de nuestro planeta. El Maestro de todos los Maestros.

Mal – Cualquier cosa que impide el desarrollo evolutivo.

Manas – Mente superior.

Mantram – Fórmula o arreglo de palabras o sílabas que, cuando se pronuncian correctamente, invoca energía.

Meditación – Medios científicos para contactar con el alma de uno y con el tiempo alinearse con el alma. También el proceso de estar abierto a la impresión espiritual y así a la cooperación con la Jerarquía Espiritual.

Meditación de Transmisión – Un grupo de meditación con el propósito de 'reducir en potencia' (transformar) energías espirituales que emanan de la Jerarquía Espiritual de Maestros que así se hace accesible y útil para el público en general. Es la creación de un vórtice o depósito de energía superior para el beneficio de la humanidad. Ésta es una forma de servicio que es sencilla de realizar, y al mismo tiempo es un poderoso medio de crecimiento personal. Existen cientos de grupos de Meditación de Transmisión activos en muchos países de todo el mundo.

Mónada/Ser – Espíritu puro reflejando la triplicidad de la Deidad: (1) Voluntad o Poder Divino (el Padre); (2) Amor-Sabiduría (el Hijo); (3) Inteligencia Activa (el Espíritu Santo). La 'chispa de Dios' residente en cada ser humano.

Oculto – Escondido. La ciencia oculta de la energía (ver Esoterismo).

Personalidad – Vehículo triple del alma en el plano físico, consistiendo de un cuerpo mental, uno emocional (astral) y uno físico-etérico.

Plano – Un nivel de manifestación.

Plano astral – El plano de las emociones, incluyendo los pares de opuestos, tales como la esperanza y el miedo, el amor sentimental y el odio, la felicidad y el sufrimiento. El plano de la ilusión.

Plano búddhico – Plano de la intuición divina.

Plano causal – El tercero de los cuatro planos mentales superiores en los cuales reside el alma.

Plano físico – Los estados vibratorios más inferiores de la sustancia, que incluye: materia física-densa, líquida, gaseosa y etérica.

Plano mental – El plano de la mente donde tiene lugar el proceso mental.

Planos etéricos – Cuatro planos de energía más sutiles que el físico gaseoso. Aún invisibles para la mayoría de personas.

Polarización astral – El foco de la conciencia está en el plano astral. La primera raza, la lemuriana, tenía el objetivo de perfeccionar la conciencia del plano físico. El objetivo del hombre atlante fue el perfeccionamiento de la conciencia astral/emocional. La mayoría de la humanidad actualmente está aún polarizada en el plano astral. Ver también Polarización mental.

Polarización mental – El foco de la conciencia en el plano mental. El cambio de la conciencia al plano mental comienza alrededor de la mitad del camino entre la primera y la segunda iniciación planetaria.

Pralaya – Estado de existencia no-mental, no-astral, no-material en algún lugar entre la muerte y el renacimiento, donde el impulso de la vida está en reposo. Una experiencia de paz perfecta y dicha interminable antes de tomar la siguiente encarnación. Corresponde a la idea cristiana del paraíso.

Rayos – Los siete flujos de energía universal divina, siendo cada uno la expresión de una gran Vida, cuya interacción en toda frecuencia concebible crea los sistemas solares, galaxias y universos. El movimiento de estas energías, en ciclos de espiral, atrae a todos los seres dentro y fuera de manifestación, coloreando y saturándolos con cualidades y atributos específicos.

Rayos de Naciones – Cada nación está gobernada por dos rayos, un rayo del alma, que es percibido y expresado por los iniciados y discípulos de la nación; y un rayo de la personalidad que es la influencia y expresión dominante de las masas. De tanto en tanto, a través de las actividades de los iniciados y discípulos de un país, podría expresarse el rayo del alma y podría verse la verdadera cualidad de la nación.

Realización del Ser – El proceso de reconocimiento y expresión de nuestra naturaleza divina.

Reencarnación (Ley del Renacimiento) – El proceso que permite a Dios, a través de un agente (nosotros) descender hasta Su polo opuesto –la materia– para traer esa materia de vuelta hasta Él, totalmente imbuida de la naturaleza de Dios. La Ley del Karma nos lleva de vuelta a la encarnación hasta que gradualmente, a través del proceso evolutivo, revelamos más fielmente nuestra divinidad innata.

Sabiduría Eterna – Un antiguo conjunto de enseñanzas espirituales que subyacen a todas las religiones del mundo como también a todos los logros científicos, sociales y culturales. Hecho accesible por primera vez por escrito al público general a finales de siglo XIX por Helena Petrovna Blavatsky y en este siglo por Alice A. Bailey, Helena Roerich y Benjamin Creme.

Sanat Kumara – El Señor del Mundo. La expresión física-etérica de nuestro Logos Planetario que reside en Shamballa. Un gran Ser, originario de Venus, que se sacrificó a Sí mismo para convertirse en el vehículo de la personalidad para la deidad que enalma nuestro planeta hace 18,5 millones de años. El aspecto más cercano de Dios que podemos conocer.

Señor del Mundo – Ver Sanat Kumara.

Ser/Mónada – La chispa divina dentro de cada ser humano.

Shamballa – Un centro de energía. El principal centro en el planeta. Está ubicado sobre el Desierto de Gobi en los dos planos etéricos más elevados. Desde y a través suyo fluye la Fuerza de Shamballa, la energía de Voluntad o Propósito. Se corresponde con el centro coronario (chakra).

Tres Festivales Espirituales – Fijados por las lunas llenas de Aries, Tauro y Géminis (Abril, Mayo y Junio). Estos festivales, celebrados en los Festivales de Pascua, Wesak y del Cristo, serán fundamentales en la Nueva Religión Mundial, y constituirán, cada uno de ellos, un gran Acercamiento a la Deidad –la evocación de la Luz Divina, el Amor Divino y la Voluntad Divina, que luego podrán anclarse en la Tierra y ser utilizados por el hombre.

Triángulos – Un grupo de tres personas que se unen cada día en pensamiento durante unos pocos minutos de meditación creativa.

Vehículo – La forma por la cual seres superiores encuentran expresión en los planos inferiores. Los cuerpos físico, astral y mental, por ejemplo, forman los vehículos del alma en los planos inferiores.

Vibración – Movimiento de energía. Toda energía vibra a su propia frecuencia específica. El proceso evolutivo avanza a través de un aumento de la frecuencia vibratoria en respuesta a las energías superiores entrantes.

Yoga – Unión de la naturaleza inferior con la superior. También, diferente formas y técnicas para ganar control de los cuerpos físico, astral y mental.

Libros de Benjamin Creme

(Ordenados según fecha de publicación en inglés)

La Reaparición del Cristo y Los Maestros de Sabiduría

El primer libro de Benjamin Creme proporciona la información básica y pertinente en relación al regreso de Maitreya, el Cristo. Colocando el acontecimiento más profundo de los últimos 2.000 años en su correcto contexto histórico y esotérico, Creme describe los efectos que tendrá la presencia del Instructor del Mundo tanto en las instituciones del mundo como en la persona normal y corriente. Los temas abarcan desde el alma y la reencarnación, a la energía nuclear, los ovnis, y un nuevo orden económico.

1ª Edición 1989. 2ª Edición 1994. 3ª Edición 2020 ISBN Nº 84-89147-56-0 (Share Ediciones). (Traducción de la 2ª Edición Inglesa)

Mensajes de Maitreya el Cristo

Durante los años de preparación para Su emerger, Maitreya dio 140 mensajes a través de Benjamin Creme durante conferencias públicas, utilizando el adumbramiento mental y la conexión telepática que surge de ello. Los Mensajes de Maitreya inspiran al lector para divulgar la noticia de Su reaparición y para trabajar de forma urgente en el rescate de las millones de personas que sufren de pobreza y hambruna en un mundo de abundancia. Cuando se leen en voz alta, los mensajes invocan la energía y bendición de Maitreya.

2ª Edición 2020. ISBN Nº 84-89147-57-7 (Share Ediciones). (Traducción de la 2ª Edición Inglesa)

Transmisión: Una Meditación para la Nueva Era

La Meditación de Transmisión es una forma de meditación grupal con el propósito de 'reducir' (transformar) energías espirituales que así se hacen asequibles y útiles para el público en general. Es la creación, en cooperación con la Jerarquía de Maestros, de un vórtice o estanque de energía superior para el beneficio de la humanidad.

Describe un proceso dinámico, presentado al mundo por el Maestro de Benjamin Creme en 1974. Grupos dedicados al servicio al mundo transmiten energías espirituales dirigidas a través de ellos por los Maestros de nuestra Jerarquía Espiritual. Aunque el principal motivo de este trabajo es el servicio, también es un poderoso medio de crecimiento personal. Se dan directrices para la formación de grupos de transmisión, junto con respuestas a muchas preguntas relacionadas con el trabajo.

2ª Edición 2020. ISBN Nº 84-89147-59-1 (Share Ediciones). (Traducción de la 6ª Edición Inglesa)

Un Maestro Habla, Tomo I

La Humanidad está guiada, desde detrás del escenario, por un grupo de hombres altamente evolucionados e iluminados que nos han precedido en el sendero de la evolución. Estos Maestros de la Sabiduría, como son llamados, raramente aparecen abiertamente, sino que en general trabajan a través de Sus discípulos – hombres y mujeres que influencian a la sociedad a través de su trabajo en ciencia, educación, arte, religión y política.

El artista británico Benjamin Creme es un discípulo de un Maestro con El cuál está en estrecho contacto telepático. Desde el inicio de la publicación de Share International, la revista de la cual Benjamin Creme es uno de los dos editores jefes, su Maestro ha contribuido con una serie de artículos inspiradores sobre una amplia variedad de temas: Razón e Intuición, La Nueva Civilización, Salud y Curación, El Arte de Vivir, La Necesidad de Síntesis, La Justicia es Divina, El Hijo del Hombre, Los Derechos Humanos, La Ley del Renacimiento – y muchos más.

El principal propósito de estos artículos es llamar la atención sobre las necesidades actuales y las de un futuro inmediato. Otra función es dar información sobre las enseñanzas de Maitreya, el Maestro de todos los Maestros, que está en Londres desde 1977 preparándose para Su misión como Instructor del Mundo para toda la humanidad. Esta nueva y ampliada edición contiene todos los 222 artículos de los primeros 22 volúmenes de Share International.

2ª Edición 2020. ISBN Nº 84-89147-58-4 (Share Ediciones). (Traducción de la 3ª Edición Inglesa)

Un Maestro Habla, Tomo II

La Humanidad está guiada, desde detrás de la escena, por un grupo de hombres altamente evolucionados e iluminados que nos han precedido en el sendero de la evolución. Estos Maestros de la Sabiduría, como son llamados, raramente aparecen abiertamente, sino que en general trabajan a través de Sus discípulos – hombres y mujeres que influencian a la sociedad a través de su trabajo en ciencia, educación, arte, política y cada esfera de la vida.

El artista británico Benjamin Creme era un discípulo de un Maestro con el cuál estaba en estrecho contacto telepático. Desde el lanzamiento en 1982 de la publicación de Share International, la revista de la cual Benjamin Creme era el editor fundador, su Maestro ha contribuido con una serie de artículos inspiradores sobre una amplia variedad de temas: La fraternidad del hombre, El fin de la guerra, Unidad en la diversidad, Salvar el planeta, Las ciudades del mañana, y muchos más.

El propósito de estos artículos es, en las propias palabras del Maestro, "presentar a los lectores de esta revista un retrato de la vida que está por delante, inspirar un enfoque positivo y feliz a ese futuro y equiparles con las herramientas de conocimiento con las que tratar correctamente los problemas que a diario surgen en el camino. Desde Mi situación de privilegio en experiencia y visión, he buscado actuar como 'vigilante' y guarda, para advertir del peligro cercano y permitirte a ti, el lector, actuar con valor y convicción en el servicio al Plan."

Un Maestro Habla, Tomo II, contiene todos los artículos publicados en la revista Share International de Enero de 2004 hasta Diciembre de 2016.

1ª Edición 1995. ISBN Nº 84-89147-53-9 (Share Ediciones). (Traducción de la 1ª Edición Inglesa)

La Misión de Maitreya, Tomo I

El primer libro de una trilogía que describe con amplitud adicional el emerger de Maitreya. Este tomo puede considerarse como una guía para la humanidad mientras realiza su viaje evolutivo. Se cubre una amplia gama de temas, como: las nuevas enseñanzas del Cristo, meditación, karma, vida después de la muerte, curación, transformación social, iniciación, papel del servicio, y los Siete Rayos.

2ª Edición 2020. ISBN Nº 84-89147-60-7 (Share Ediciones). (Traducción de la 3ª Edición Inglesa)

La Misión de Maitreya, Tomo II

Este volumen contiene una variada colección de las enseñanzas de Maitreya a través de Su colaborador, Sus muy precisas predicciones de acontecimientos mundiales, descripciones de Sus apariciones personales milagrosas, e información de fenómenos y señales relacionados. También contiene entrevistas únicas con el Maestro de Benjamin Creme sobre temas actuales. Tópicos relacionados con el futuro incluyen nuevas formas de gobierno, colegios sin muros, energía y pensamiento, la Tecnología de la Luz venidera, y el arte de la realización del Ser.

2ª Edición 2020. ISBN Nº 84-89147-61-4 (Share Ediciones). (Traducción de la 1ª Edición Inglesa)

Las Enseñanzas de la Sabiduría Eterna

Una perspectiva general del legado espiritual de la humanidad, este libro es una introducción concisa y fácil de entender de las Enseñanzas de la Sabiduría Eterna. Explica los principios básicos del esoterismo, incluyendo: la fuente de la Enseñanza, el origen del hombre, el Plan de evolución, renacimiento y reencarnación, y la Ley de Causa y Efecto (karma). También incluye un glosario esotérico y una lista de lectura recomendada.

2ª Edición 2020. ISBN Nº 978-84-89147-69-0 (Share Ediciones). (Traducción de la 1ª Edición Inglesa)

La Misión de Maitreya, Tomo III

Benjamin Creme presenta una visión convincente del futuro, con Maitreya y los Maestros ofreciendo abiertamente Su orientación e inspiración. Los tiempos venideros verán la paz establecida; el compartir de los recursos mundiales como norma; la conservación de nuestro medio ambiente como la máxima prioridad. Las ciudades del mundo se convertirán en centros de gran belleza. Creme también analiza a 10 famosos artistas – incluyendo a da Vinci, Miguel Angel y Rembrandt – desde una perspectiva espiritual.

2ª Edición 2020. ISBN Nº 84-89147-62-1 (Share Ediciones), 682 páginas. (Traducción de la 1ª Edición Inglesa)

El Gran Acercamiento: Nueva Luz y Vida para la Humanidad

Aborda los problemas de nuestro mundo caótico y su cambio gradual bajo la influencia de Maitreya y los Maestros de Sabiduría. Cubre temas como compartir, EEUU en un dilema, conflictos étnicos, crimen, medio ambiente y contaminación, ingeniería genética, ciencia y religión; educación, salud y curación. Predice extraordinarios descubrimientos científicos venideros y muestra un mundo libre de guerra donde las necesidades de todas las personas son satisfechas.

Primera Parte: "La Vida Futura para la Humanidad"; Segunda Parte: "El Gran Acercamiento"; Tercera Parte: "La Llegada de una Nueva Luz".

2ª Edición 2020. ISBN 84-89147-63-8 (Share Ediciones). (Traducción de la 1ª Edición Inglesa)

El Arte de la Cooperación

Trata de los problemas más acuciantes de nuestros tiempos, y sus soluciones, basándose en las Enseñanzas de la Sabiduría Eterna. Encerrados en la vieja competencia, intentamos solucionar los problemas utilizando métodos anticuados, mientras que la respuesta –la cooperación– yace en nuestras manos. El libro muestra el sendero hacia un mundo de justicia, libertad y paz a través de un creciente aprecio por la unidad que subyace toda vida.

Primera Parte: "El Arte de la Cooperación"; Segunda Parte: "El Problema del Espejismo"; Tercera Parte: "Unidad".

2ª Edición 2020. ISBN 84-89147-64-5 (Share Ediciones). (Traducción de la 1ª Edición Inglesa)

Las Enseñanzas de Maitreya: Las Leyes de la Vida

Presenta las Leyes de la Vida, la visión directa, simple, no doctrinaria y profunda de Maitreya. Revelando la Ley del Karma, o Causa y Efecto, estas extraordinarias predicciones de sucesos mundiales fueron dadas por Maitreya entre 1988 y 1993, publicándose por primera vez en la revista *Share International*. Editadas por Benjamin Creme.

Pocas personas podrían leer estas páginas sin experimentar un cambio. Para algunos, los extraordinarios comentarios sobre temas de actualidad les serán de gran interés, mientras que para otros conocer los secretos de la realización del ser, la sencilla descripción de la verdad experimentada, será toda una revelación. Para las personas que busquen comprender las Leyes de la Vida, estas sutiles y profundas revelaciones les conducirán rápidamente hasta el centro de la vida misma, y les ofrecerán un simple sendero que conduce hasta la cumbre de la montaña. La unidad esencial de toda vida se desvela de un modo claro y significativo. Jamás las leyes según las que vivimos se han descrito de una forma tan natural y liberadora.

2ª Edición 2020. ISBN 84-89147-65-2 (Share Ediciones). (Traducción de la 1ª Edición Inglesa)

El Arte de Vivir: Vivir dentro de las Leyes de la Vida

En la Primera Parte, Benjamin Creme describe la experiencia de vivir como una forma de arte, como la pintura o la música. Alcanzar un nivel elevado de expresión requiere tanto el conocimiento como el cumplimiento de ciertos principios fundamentales como la Ley de Causa y Efecto y la Ley del Renacimiento, todo descrito con detalle. La Segunda y Tercera Parte explican cómo podemos emerger de la niebla de la ilusión para convertirnos en un todo y una conciencia despierta de uno mismo.

Primera Parte: "El Arte de Vivir"; Segunda Parte: "Los Pares de Opuestos"; Tercera Parte: "Ilusión".

2ª Edición 2020. ISBN 978-84-89147-66-9 (Share Ediciones), 272 páginas. (Traducción de la 1ª Edición Inglesa)

Maitreya, el Instructor del Mundo para Toda la Humanidad

Presenta una perspectiva general del retorno al mundo cotidiano de Maitreya y Su grupo, los Maestro de Sabiduría; los enormes cambios que la presencia de Maitreya ha suscitado; y Sus recomendaciones para el futuro inmediato. Describe a Maitreya como un gran Avatar espiritual con un amor, sabiduría y poder inconmensurables; y también como un amigo y hermano de la humanidad que está aquí para liderarnos hacia la Nueva Era de Acuario.

2ª Edición 2020, ISBN 978-84-89147-67-6 (Share Ediciones). (Traducción de la 1ª Edición Inglesa)

El Despertar de la Humanidad

Un libro asociado a El Instructor del Mundo para Toda la Humanidad, que resalta la naturaleza de Maitreya como la Personificación del Amor y la Sabiduría. Mientras que El Despertar de la Humanidad se centra en el día en que cual Maitreya se declarará a Sí mismo abiertamente como el Instructor del Mundo para la era de Acuario. Describe el proceso del emerger de Maitreya, los pasos que conducirán al Día de la Declaración, y la respuesta anticipada de la humanidad a este momento trascendental.

2ª Edición 2020, ISBN 978-84-89147-68-3 (Share Ediciones). (Traducción de la 1ª Edición Inglesa)

La Agrupación de las Fuerzas de la Luz: Ovnis y Su Misión Espiritual

La Agrupación de las Fuerzas de la Luz es un libro sobre ovnis, pero con una diferencia. Está escrito por alguien que ha trabajado con ellos y tiene conocimiento desde dentro. Benjamin Creme ve la presencia de ovnis como planeada y de inmenso valor para las personas de la Tierra.

Según Benjamin Creme, los ovnis y las personas dentro de ellos están consagrados a una misión espiritual para aliviar la suerte de la humanidad y salvar a este planeta de una destrucción adicional y veloz. Nuestra propia Jerarquía planetaria, liderada por Maitreya, el Instructor del Mundo, que ahora vive entre nosotros, trabaja incansablemente con sus Hermanos del Espacio en un proyecto fraternal para restablecer la cordura en esta Tierra.

Los temas tratados en este libro incluyen: el trabajo de los Hermanos del Espacio en la Tierra; George Adamski; círculos de las cosechas; la nueva Tecnología de la Luz; el trabajo de Benjamin Creme con los Hermanos del Espacio; los peligros de la radiación nuclear; salvar el planeta; la 'estrella' que anuncia el emerger de Maitreya; la primera entrevista de Maitreya; educación en la Nueva Era; intuición y creatividad; familia y karma.

Primera Parte: "Ovnis y Su Misión Espiritual"; Segunda Parte: "Educación en la Nueva Era"

2ª Edición 2020. ISBN 978-84-89147-70-6 (Share Ediciones). (Traducción de la 1ª Edición Inglesa)

Unidad en la Diversidad: el Camino Adelante para la Humanidad

Necesitamos una visión nueva y esperanzadora para el futuro. Este libro presenta tal visión: un futuro que abarca un mundo en paz, armonía y unidad, mientras que la cualidad y el enfoque de cada individuo son bienvenidos y necesarios. Es visionario, pero expresado con una lógica convincente e irresistible.

Unidad en la Diversidad: El Camino Adelante para la Humanidad incumbe al futuro de cada hombre, mujer y niño. Trata del futuro de la misma Tierra. La humanidad, indica Creme, está en una encrucijada y tiene que tomar una gran decisión: seguir hacia adelante y crear una nueva y brillante civilización en la cual todos son libres y la justicia social reina, o continuar como estamos, divididos y compitiendo, y presenciar el fin de la vida en el planeta Tierra.

Creme escribe para la Jerarquía Espiritual en la Tierra, cuyo Plan para la mejora de toda la humanidad presenta. Él muestra que el sendero hacia adelante para todos nosotros es la realización de nuestra unidad esencial sin el sacrificio de nuestra igualmente diversidad esencial.

2ª Edición 2020. ISBN 978-84-89147-71-3 (Share Ediciones). (Traducción de la 1ª Edición Inglesa)

Los libros de Benjamin Creme han sido traducidos del inglés y publicados en alemán, castellano, francés, holandés y japonés por grupos que han respondido a este mensaje. Algunos de estos libros también han sido traducidos al chino, croata, esloveno, finlandés, griego, hebreo, italiano, portugués, rumano, ruso y sueco. Están proyectadas más traducciones. Estos libros están disponibles en librerías locales como también online.

Revista Share International

Una revista única que publica cada mes: información actualizada sobre la reaparición de Maitreya, el Instructor del Mundo; un artículo de un Maestro de Sabiduría; ampliación de la enseñanza esotérica; respuestas de Benjamin Creme a una variedad de preguntas de actualidad y esotéricas; artículos y entrevistas con personas a la vanguardia del cambio progresista del mundo; noticias de agencias de la ONU e informes de progresos positivos en la transformación de nuestro mundo.

Share International reúne las dos líneas más importantes del pensamiento de la Nueva Era: el político y el espiritual. Muestra la síntesis que sirve de base a los cambios políticos, sociales, económicos y espirituales que están ocurriendo actualmente a escala global, y busca estimular acciones prácticas para reconstruir nuestro mundo con unas bases más justas y compasivas.

Share International cubre noticias, sucesos y comentarios relacionados con las prioridades de Maitreya: un suministro adecuado de alimentos apropiados, vivienda y cobijo adecuados para todos, sanidad como un derecho universal, el mantenimiento de un equilibrio ecológico en el mundo.

Share International se publica en inglés. Existen también versiones en alemán, esloveno, francés, holandés y japonés.

Para más información:

www.share-es.org

Sobre el Autor

Benjamin Creme, pintor y esoterista de origen escocés, ha estado durante casi 40 años preparando al mundo para el acontecimiento más extraordinario de la historia humana – el regreso de nuestros mentores espirituales al mundo cotidiano.

Ha sido entrevistado por cadenas de televisión, radio y películas documentales de todo el mundo, y ofrece conferencias regularmente por toda Europa Oriental y Occidental, los EEUU, Japón, Australia, Nueva Zelanda, Canadá y México.

Entrenado y supervisado durante muchos años por su propio Maestro, comenzó su trabajo público en 1974. Él anunció en 1982 que el Señor Maitreya, el por tanto tiempo esperado Instructor del Mundo, estaba residiendo en Londres, preparado para presentarse abiertamente si era invitado por los medios de comunicación. Este suceso es ahora inminente.

Benjamin Creme continuó llevando a cabo su tarea como mensajero de esta noticia esperanzadora hasta su fallecimiento en octubre de 2016. Sus varios libros, diecisiete, han sido traducidos a numerosos idiomas. Él era también editor jefe de la revista *Share International*, que circula en más de 70 países. Él no aceptaba dinero por ninguno de estos trabajos.

Benjamin Creme vivía en Londres, estaba casado, y tenía tres hijos.